青春文庫

「ずるい人」が
周りからいなくなる本

大嶋信頼

青　社

はじめに――職場で、家庭で、街中で…あなたの心を支配してくる〝ずるい人〟

●〝ずるい人〟は、どこにでもいる。ただし…

仕事をサボる人、割り込み乗車する人、相手によって態度を変える人、手柄を横取りして悪びれない人、泣けばなんでも許されると思っている人……。

私たちの周りには、いろんな〝ずるい人〟があふれています。

彼らは、じつにいろんなパターンで私たちのことを刺激してきます。

一度〝ずるい人〟に刺激されて「なんであの人はあんなことをするんだ!」と考えだしてしまうと、私たちの頭の中から〝ずるい人〟が離れなくなってしまいます。

そして、不快な気分から抜け出せなくなって、楽しいことができなくなってしまうんです。しかも〝ずるい人〟で頭がいっぱいになっていると、次から次へと別の〝ず

る い 人〟が目の前に現れて、私たちを不快な気分にさせるようになってしまいます。

私の場合、そんなことを誰かに話したら「あんたの考えすぎなんじゃない？」とか「ちょっと気にしすぎなんじゃない？」と、まるで私の感覚のほうがおかしいかのような見方をされてしまいます。

でも、実際に目の前で〝ずるい人〟が美味しい目を見て、真面目な自分ばかりが損をしている。私を惨《みじ》めな気分にさせる出来事が、次々に起こるんです。

極端に言ってしまえば、

「〝ずるい人〟が私の運を盗《と》ってしまっている！」

という感覚になりますが、真面目な私は、恥ずかしくてそんなことを口に出すことができません。でも、本当に〝ずるい人〟がいると「自分ばっかり損をして……」という惨めな感覚になるから「本当に、運も、得も、相手に持って行かれちゃっているのかも？」と思ってしまうんです。

ところが、です。

逆に考えてみると**「〝ずるい人〟が私の周りからいなくなれば、もしかしたら美味しい人生が待っているのかも！」**ということになります。

今まで〝ずるい人〟に〝運〟も〝得〟も奪われ続けて私たちは損をしてきたのであったら、その人たちが自分の周りからいなくなることで、自分自身のために〝運〟も〝得〟も使えるようになるのかも！　という可能性です。

「〝ずるい人〟から離れたら美味しい人生が！」というあなたの感覚は、正解です！

〝ずるい人〟に反応しなくなり、近づかなくなることで、**それまで〝ずるい人〟に奪われていた自分の力が自由に使えるようになって、どんどん美味しい人生が目の前に展開する**ようになっちゃうんです！

どんな人を見ると「ずるい！」と感じる？ 20のチェックリスト

A

- □家庭や職場で、掃除やゴミ捨てなどを分担しているのにサボる人
- □トイレットペーパーが切れているのに補充しない人
- □やるべきことを途中で投げ出し、他人のせいにする人
- □ファミレスで長時間、追加注文もせず居座っている人
- □交代制で使うジムのトレーニングマシーンを占領する人

B

- □相手によって、ころっと態度を変える人
- □自分よりお給料をもらっているのに、仕事量が少ない人
- □部下や同僚の手柄を横取りする人
- □いわゆる女性の武器を使って男性の気を引こうとする人
- □泣けばなんでも許されると思っている、子供っぽい人

C

□なんでも自分にとって都合のいいように進める人

□助けてもらっても感謝もせず「当然！」という顔をする人

□友達の好きな人や恋人、パートナーを奪おうとする人

□陰口を言って相手を貶《おとし》めて、自分の仲間を作ろうとする人

□ネット上で画像の無断使用、文章の無断転載などをして人気を稼ごうとする人

D

□みんなちょっとズルをしているのに、ひとりだけバレない人

□初めて宝くじを買ったらたまたま高額当選した人

□抽選制チケットの当選率が、なぜか他の人より高い人

□「美人だから」「若いから」という理由で優遇される人

□予約のとれないレストランなのに、たまたまキャンセルがでて入店でき SNS で自慢する人

このリストから、あなたが感じやすい「ずるい」のタイプがわかります

● “ずるい人”のタイプに応じた対処を

じつは「ずるい」という反応が起こるのは、心のアレルギー反応のようなもの。

アレルギーといえば、花粉症が思い浮かびますが、花粉症にいろんな予防策・対処法があるのと同じように“ずるい人”にも引っかからないための方法がいくつかあります。

本書では、その方法をご紹介します。

Ⓐが多かった人

“不真面目でルールを守らない人”を見ると、許せない！

このタイプの人は、自分に直接関係ないことでもスルーできない傾向にあります。周りからのちょっとした威嚇《いかく》に引っかかりやすく、まるで自分が被害にあったかのように反応してしまいます。

たとえば、道端に落ちている犬の糞《ふん》などを見て、
「なんで飼い主はちゃんと片付けないんだ！　人にやらせるなんて、ずるい！」
と反応し、いつまでも頭に残ってしまう。

自分のことだったら、過ぎ去ってしまえば過去の記憶として整理されますが、他人事だといつまでもその問題が解決されないので、頭から離れなくなってしまうんです。詳しくは3章でお伝えします。

Ⓑが多かった人

“世渡り上手でずる賢い人”を見ると、嫉妬しちゃう！

このタイプの人は、自分では気にしたくないのに“ずるい人”がちょっとでも視界に入ってきたり、話を聞いちゃったりしたら「キー！」って怒りが湧《わ》いてきてしまいます。

普段の自分であればそんな人のことを相手にしないし、気にしたくもないのに一度「キー！」ってなっちゃうと、まるで自分が別の人間になったみたいに「ずるい〜！」と嫉妬が止まらなくなってしまうんです。

私はこれを「嫉妬の発作」と呼んでいます。

詳しくは４章でお伝えします。

Ⓒが多かった人

“自分勝手で、非常識な人”
を見ると、不快！

このタイプの人は、「自分以外の人は、基本的に、ずるくて身勝手でそして非常識だ」と思っています。

だから、人に接触するのがものすごく苦手で「人って、ずるくて卑怯《ひきょう》だから怖い！」と思っています。

外に出て実際に“ずるい人”を見かけてしまうと「ほら、やっぱり！ 人って、みんなずるいし汚い！」となってしまって、ますます「人に接触するのが怖い！」となってしまうんです。

詳しくは５章でお伝えします。

Ⓓが多かった人

"なんだか運のいい人"
を見ると、理不尽！

このタイプの人は、他人からの後押しがないと物事を決められないし、誰かが一緒にいてくれないと責任を負うことができません。そして、人から批判されることや見捨てられることが怖いから、自ら意見をすることができないんです。

チャンスをつかむのが自分次第じゃなくて他人任せなので、周りの人が成功したりチャンスをつかんでいたりするのを見て「運がいい！ 恵まれている！ ずるい！」と嫉妬しちゃうんです。

詳しくは6章でお伝えします。

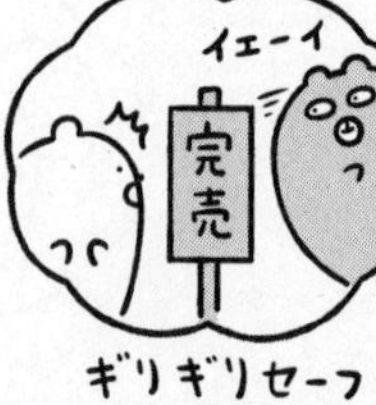

えっ、そんなことする⁉ 私の遭遇した〝ずるい人〟エピソード

●なんで私ばっかり損をして、ほかの人が得をするの⁉

じつは私にも、「この人って、ずるい！　許せない‼」「えっ、そんなことする⁉信じられない！」などと感じた瞬間があります。

アメリカで「お〜！　この本はすごい！」という本に出会って「これを日本で翻訳本として出したら売れるじゃない！」とずっと大切に温めていました。

日本の病院で働いているときに、同僚が「出版社を紹介しますよ！」と言ってくれたので「翻訳をして出そう！」と思って同僚と、もう一人、某超有名大学出身の精神科医の先生も「売れる翻訳本を一緒に出しませんか？」と誘って翻訳をはじめました。

精神科医の先生に翻訳を手伝ってもらうために、先生の研究データの統計処理まで徹夜をして手伝って、ということまでやっていました。

すると、あるとき、出版社から「先生があなたの翻訳じゃダメだ！　とおっしゃっているんですが？」と言われて、ちょっとびっくり。

たしかに、高校を卒業してすぐに留学をしてしまったので、英語自体は理解できるのですが、日本語に変換するのは苦手で、となっていました。でも、先生がちゃんとチェックをして直してくれる、というから研究まで手伝ったのに！

それから音沙汰がなくなって「ダメになったのかな？」と思っていたら、いきなり出版社から本が送られてきてびっくり！

「え！　翻訳者の名前が先生と奥さんの名前になってる！」

……**「ずるい！」とも言えないぐらいショックを受けてしまいます。**

どうやら、その先生は出版社に私の悪口を言って、そして「あんな奴の名前を載せるメリットがないから」と言って「超有名大学出身で精神科医の自分と奥さんがすべて訳したから」と印税を全部持って行ってしまったんです。

私は、研究の手伝いとか利用されるだけ利用されて、そして、大切に持っていたものまで取られて捨てられてしまいました。めちゃくちゃ思い入れがある本だったのに

「ずるい！」とその当時は思い出すたびに悔しくなっていました。

こんなことは私の人生にたくさんありました。「なんで私ばっかり損をしてほかの人が得をするの⁉」という状況が何度も。なんで私ばっかり、こんなふうに〝ずるい人〟に引っかかるんだ？　そう悩んだ時期もあったんです。

〝ずるい人〟から解放された今…

〝ずるい人〟から離れてみると「なんだ！　こんな仕組みになっていたんだ！」と、そういう人に引っかかってしまう仕組みが見えてきます。

そして〝ずるい人〟から離れることができたら「人生ってこんなに楽で美味しいものなんだ！」とこれまでとは全然違った生き方ができるようになります。

そんなときに「本当にこれまでの人生が楽しくなかったのは〝ずるい人〟に引っかかっていたせいなんだ！」と見えてきて、今では〝ずるい人〟に囲まれていたあの苦しかった生活が懐かしく思えてくるんです。

目次

3章

〝不真面目でルールを守らない人〟を見ると、許せない!ときの対処法

Memo

本編に入る前に、今あなたの頭の中に浮かんでいる
“ずるい人”を書き出してみることをおすすめします。
個人名でも、ちょっとした愚痴でもかまいません。
冒頭のリストから書き写すだけでもOKです。

1章

なぜ私たちは「ずるい！」に振り回されてしまうのか？

「ずるい！」という反応の奥にある心理メカニズム

●割り込みする人、急に態度を変える人、手柄を横取りする人…

不真面目な人、世渡り上手な人、ずる賢い人、自分勝手な人、非常識な人……。
なぜ、こういう人のことが気になってしまうのでしょう？
この章では「ずるい」という反応の奥にある、心理メカニズムに迫ります。

たとえば駅のホームで、2列で並んで電車を待っているとき「あ！　あの人、列の最後尾に並ばないで、3列目の先頭に立ったよ！　ずるい！」となります。
たしかに、足もとを見てみると3列で並ぶための線が描かれているので、そこに立った方は間違っていないのですが「先に並んでいる私が後ろになって、後から来たあの人がなんで私よりも先なんだ！　ずるい！」と、その人のことが気になってしまいます。そして、その人を押しのけてでも自分が先に入ってやりたい！　ということまで考えるようになって、ものすごく嫌な気分になるんです。

ほかの人は、スマホを片手に立っていて、そんな人のことを気にしている様子はありません。なんで私ばっかり「ずるい！」と気にしちゃうんだろう？　と悩みます。

あるとき、後輩と一緒に食事をしていて「先輩はすごいですよね！」とほめてくれて「いや～！　そんなことはないよ！」とちょっとうれしい気持ちになります。

そこに精神科医の先生が合流することになり、先生がやってきた途端に、さっきまで私のことをほめてくれていた後輩が、先生とばかり話をして私のことは一切無視！　内輪話ばかりするので私は一切会話に入れず、なんだか私が無視されているみたいで「先生からの心証が悪くなる！」と、無視をしている後輩に対して「こいつ、本当に世渡り上手で〝ずるい奴〟！」とイライラしてしまうんです。

またあるとき、同僚から「論文を書くのにアイディアをください！」と頼まれたので、一生懸命に知恵を絞って、面白い論文になるように展開をはじめから考えてあげました。

はじめに持ってきた案がまったく論文にならない状態だったので、骨組みから何から何まで考えてあげて、そして完成した論文に「あれ？　私の名前が載っていない！」とびっくりします。この展開を考えたのは私なのに、まるで一人で考えて書き上げました、という内容になっていてびっくり。

本当にずる賢いよな！　と、ものすごく惨《みじ》めな気分になるんです。

●なぜ、こういう人のことが気になってしまうのか？

自分が並んでいるのに新しい列を作られた、という場面で「ずるい！」と相手のことが気になってしまう理由の一つは、**私の損得勘定が働いてしまうから。**

相手が先に乗車できるということは、電車で座れて楽をする可能性が、より長い時間をかけて並んでいた私よりも高くなる、ということ。

「自分ほど時間をかけていないのに、座れて楽という〝得〟ができるのは、ずるい！」と相手のことが許せなくなるわけです。

もう一つ「みんな真面目に、早く来た順番で並んでいるのに、ずるい！」と、**暗黙のルールを守らない人に対して「ずるい！」と反応**してしまう、というのもあります。

ルールやマナーを守っていないことで「ずるい！」と反応をしてしまうんです。

偉い先生が来ると、自分だけの心証を良くしようと先輩のことを平気で無視する後輩に「ずるい！」と反応しちゃうのは「自分はそんな失礼なことをしたことがないの

に、こいつはずるい！」という反応。

自分が正しいと思っているルールを平気で越えて間違ったことをして役得を得ようとする後輩に「ずるい！」となるんです。

そして、私を無視して後輩が自分をアピールすることで、先生の後輩に対する評価が上がってずるい！　となります。

実際にその後輩はその先生の職場に引き抜いてもらっていますので「本当にずるい！」となってしまうんです。

また、自分で全部考えたわけじゃないのに、まるで「自分が全部考えました」のテイで論文を平気で出してしまう、って倫理的に間違っていませんか？　ということで「ずるい！」となります。

人が人として守るべき道徳やモラルを守らないで、すべて自分の業績にしちゃって「ずるい！」と反応しちゃうんです。

こういうとき、なんで「ずるい！」と気になってしまうのか？　と分析してみると、3つの面白いことが見えてきます。

一つは**「相手が得をしていて、自分が損をしている」という〝損得勘定〟が働いて「ずるい！」と反応してしまう**。たとえば子供の頃に「弟のケーキのほうが大きい！　ずるい！」と母親に怒ったことがある人は「私のほうが弟よりも損をしている」とその頃から損得勘定が働いていたんだな、ということがわかります。

常に人と比べて自分は損をしているのではないか？　と考えて、常に頭の中で計算をしてしまって時間や労力でもちょっとでも相手のほうが得をしていると「ずるい！」となってしまうんです。常に人と比べて「ずるい！」となってしまう自分は**「貧乏性」の可能性がある**、ということが見えてきます。

もう一つは**〝人の話を真に受けちゃう〟から「ずるい！」と反応してしまう**。後輩が「すごいですね！」と言った言葉をそのまま真に受けてしまうから、なんでさっきまですごいと言っていたのに、手のひらを返したような態度をとるんだ、「ずるい！」と反応してしまうんです。

学生時代に友達が冗談で言っていたことを私だけが真に受けてしまっていた、というエピソードがあるので「やっぱり真に受けちゃうから反応するんですよね！」というのが見えてくるんです。

そして3つめに**「私は真面目に正しいことを行っているのにずるい！」**というのがあります。正しいことをやっている私が報われず、間違ったことをしている人が罰せられないで得をするのは「ずるい！」と反応しちゃうんです。

「真面目で正しい行いをしていたら愛されるはず」と思っていたのに、ちっとも求めているものが得られず、不真面目な人だけが得をしているから**「神様はずるい！」**となるんです。

ルールを無視する人が裁かれない世の中のシステムや神様に「ずるい！」というのは、正しく生きてルールを守っていれば得をするはずの自分がちっとも世の中で認められず得もせず、ということで「ずるい！」ということになってしまうんです。

それを「ずるい」と思うようになる背景

●同じ現象を見ても「ずるい」と思う人と思わない人。その差は何？

天気のいい日にバーベキューパーティーをやっていました。

「さあ、美味しそうな肉が焼きあがってきたぞ！」というタイミングで、それまでバーベキューのセッティングも火を起こすのもまったく手伝わなかったマイクが、真っ先に皿とフォークを持って現れて「一番美味しそうな肉はどれ？」といって、焼きあがった一番美味しそうな肉を持って行ってしまいます。

「マイクは何も手伝っていないのにずるい！」と私は反応してしまいます。

でも、隣にいたボブは嬉しそうに「あそこが一番美味しいところだから、美味しく食べてくれるかな！」と言っています。別にそれを言っているボブは無理をして言っている感じがまったくないんです。

あれ？「ずるい！」と思った私がおかしいの？

一番美味しい肉は、このパーティーを主催してくれて、一番働いた人が食べるべきなんじゃないの？ と私は思っていたから「マイクは何にも貢献しないで、ずるい！」とせっかくのバーベキューが不快な気分にまみれてしまいました。

ボブは、肉を焼くのが楽しくて「みんなが楽しんで、美味しく食べてくれればいい」とだけ思っているみたいで「ずるい！」という感覚がないみたいなんです。グリルの前に立って煙にまかれて汗だくになりながら肉を焼いているのも「好きだから」。

ボブの横で手伝いをしている私は「みんなの役に立って、主催者から認められて感謝してもらいたい！」という気持ちがあったのかな、ということが考えられます。

私は「誰が貢献しているのか」とか「誰がお金を一番出している」などで**人の序列**をつけてしまいます。その順番に人は従うべきで、その順番を無視する人は「ずるい！」となって**怒りの対象**となってしまっていたんです。私は序列の偉い人に認められるために一生懸命に働いていて、結構、高い位置からみんなを見下ろしていたので、よけいに「私を越えて肉を食べるなんて、ずるい！」となるんです。

ボブは、楽しいから手伝っているだけで「誰が貢献してる」なんて考えることがありません。だから、いくら働いていても「あの人よりも私のほうが」と比べることがないので「ずるい！」にはならないんです。

さらに私の場合、休日にみんなで楽しむために集まっているバーベキューパーティーなのにいつの間にか「人から認められる」という対価を求めて〝仕事〟をしちゃいます。ボブは、ちゃんと「みんなで楽しむため」という目的に則《のっと》っているので対価を求めずにその場を楽しめるんです。

●たとえば、親のしつけ？ 学校の教え？ それとも、無意識…？

私は貧乏な家庭で育ったのですが「そんな人のものを欲しがるなんてみっともない！」と母親から怒られていました。人前では自分の欲しいものを我慢して、人を優先させなければダメ人間になる！ というような厳しいしつけをされてきました。

だから、友達の家でお菓子が出てみんなが「わーい！」とお菓子に群がっても、私はのどから手が出るぐらい欲しいのだけど、ぐっと我慢をして、群がっているみんなを「みっともない！」と思っていました。

学校でも、その当時の先生はしつけが厳しくて「ちゃんとルールを守りなさい！」と叱られて、私なんか書道の文鎮《ぶんちん》で「ゴツン！」と頭を叩かれていました。

厳しい家庭や学校の影響で「他人を優先しなければ」とか「ルールをちゃんと守らなければ」と教わってきたから、そうしない人に対して「ずるい！」と思ってしまうの？　たしかに、それもあるかもしれません。


でも、この「ずるい！」と思う瞬間って〝大人の感覚〟じゃなくて、**自分が〝幼い子供の感覚〟に戻ってしまったような自覚**があるんです。

多分、この「ずるい！」なんて言っている自分を人から見られたら「子供じみている」と批判されるだろうな、とわかるあの感覚。

そう！「ずるい！」の瞬間に子供に戻ってしまうような感覚があるんです。

「この子供のような感覚って何だろう？」と思って探ってみると「**あ！　子供の頃に〝いい子〟じゃなければ愛されない、と思っていたんだ！**」ということを見つけます。

●大人になってもくすぶる「〝いい子〟じゃなきゃ…」の思い込み

私が子供の頃に、母親は病弱でずっと横になっていました。

それを見るたびに「私が〝いい子〟じゃないから母親が苦しんでいるんだ」と思って自分を責めていました。

そして「〝いい子〟になれば、母親が友達の母親のように笑顔になって優しく自分のことを抱きしめて愛してくれるんだ！」と思って一生懸命に〝いい子〟を演じていました。〝いい子〟とは、ちゃんとルールを守って、人に気遣いができて、他者を優先することができる子です。

でも〝いい子〟を演じれば、悪い子からいじめられ、他者を優先すると人から蔑《さげす》まれ貶《おとし》められて惨《みじ》めな思いをして泣いて帰ってくることになります。

すると、母親は苦しそうな顔をして私をにらみつけます。その母の苦しみの顔を見て、私は「〝いい子〟じゃないから人から受け入れられなくて、いじめられ、そして母親を苦しめ、私は母から愛されないんだ」と思って、ますます〝いい子〟を演じます。すると、さらにいじめが激しくなって……という悪循環。

そこから脱け出せないまま、いつの間にか大人になってしまっていたんです。

私の中で「〝いい子〟じゃなきゃ愛されない」という思い込みがあった。

しかも〝母親から優しく抱きしめられてそのままの私で認められる〟という体験がなかったために、その思い込みが消えず、いつまでも大人になった私の身体の中でくすぶって残っている。

そして「ずるい！」と思った瞬間に「**なんで〝いい子〟にしている私は愛されないで、〝悪い子〟のこの人は愛されるんだ！**」と、愛のない子供時代に戻って、**その当時に愛されなかった怒りが**一気に噴き出してきちゃって「**悔しい～！**」と地団駄を踏んでしまう。――というわけです。

●こうして私は「ずるい！」の嵐から解放された

ここで面白いのが「ずるい！」と反応した瞬間に《〝いい子〟じゃないと愛されない、と思っているんだ》と自分の中で唱えてみると「ずるい！」がすっと消えて「どうでもいいか！」になることです。

「別に、ずるをしてる人が愛されているわけでもないし」というフレーズが自分の中から不思議と自然に湧《わ》いてきて「本当に〝いい子〟じゃないと愛されない、と思っていたんだ〜！」と、ちょっとショックを受けます。

「ずるい！」と反応しそうな瞬間に《〝いい子〟じゃなければ愛されない、とか、こんなに〝いい子〟にしているのに愛されない、と思っているんだ》と繰り返していくと、**思い込みが次第に消えていき、やがて、人の優劣をあまり考えなくなります。**

そして、いつの間にかボブのように「みんなと一緒に楽しむ」ことができるようになり、あの「ずるい！」の嵐から解放されていったんです。

思い込みに気づくことで解放される仕組み

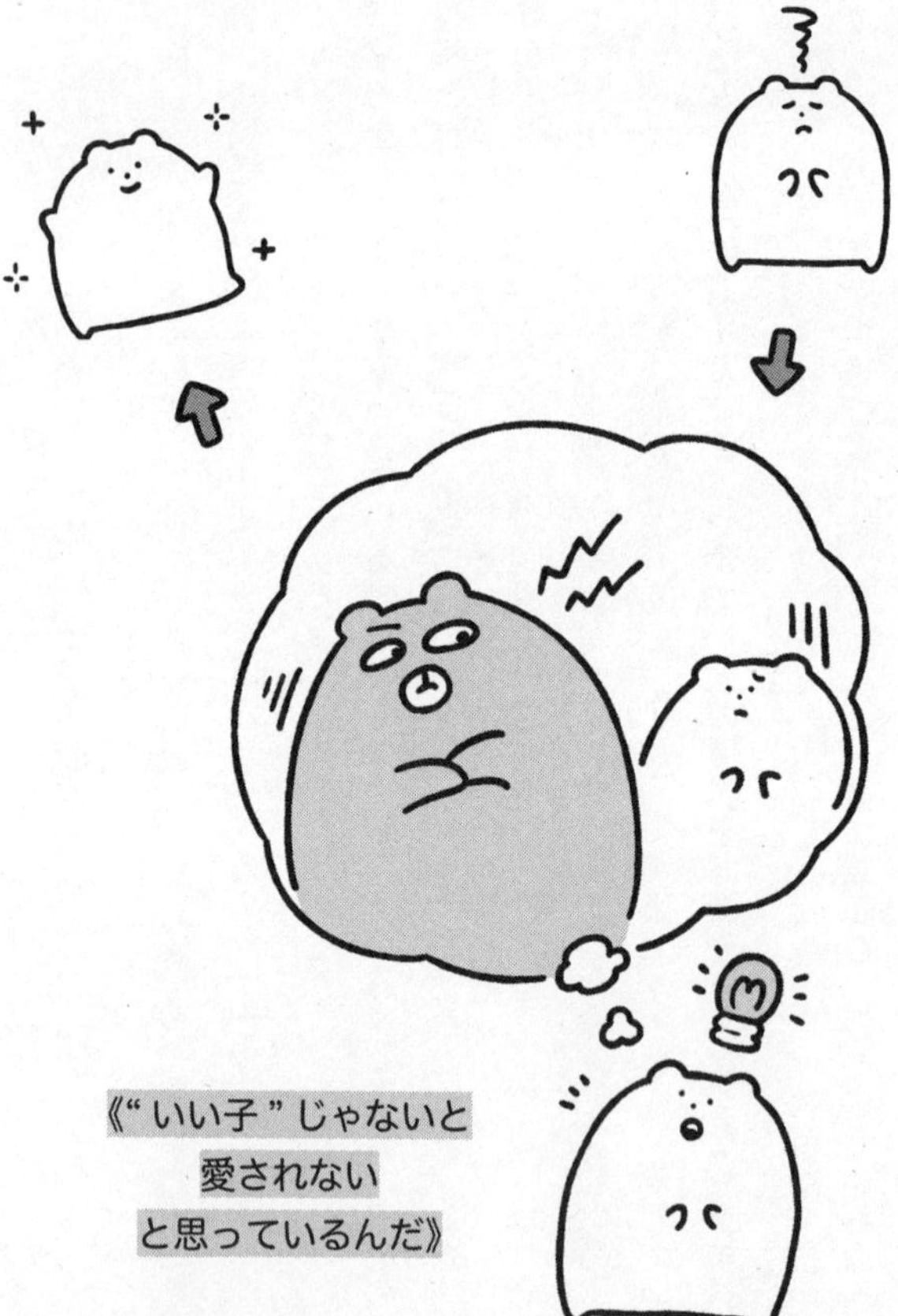
《"いい子"じゃないと
愛されない
と思っているんだ》

すぐ忘れられる「ずる」と、ずーっと心に残ってしまう「ずる」の違い

●寝る前に思い出してモヤモヤ…

そのときはカッときたけど、いつの間にか忘れていた、という経験はありませんか？

その一方、一日中「ずるい」という怒りに支配され、寝る前に思い出してモヤモヤして眠れない、朝起きてもまだ心にしこりがある、という経験も、きっとあるはずです。その違いは、一体なんなのでしょう？

「持っている人はますます豊かになり、持っていない人は持っているものまで取り上げられる」――**マタイの法則**という、面白いものがあります。

学生時代に「クラスで良い成績をとる人数が決まっている」と聞いてびっくりした

ことがありました。もちろん私は、成績が一番下の役割の子をずっと演じていて「〝成績のいい子〟ってずるい！」と思ってきました。

この**〝成績のいい子〟は「ずるい！」**というのに、大切なポイントがあります。

〝成績のいい子〟がトップに鎮座《ちんざ》しているから、私はいつまでも最低の成績になる。だから「ずるい！」というものです。

こんなことを親や先生に話してしまったら「何をこの子は、甘ったれたことを言って！　ダメな子！」と怒られてしまいます。

大学時代に面白い体験をしました。ろくに勉強もしないで、授業では教授に生意気な口をきいて、そしてテストでは一番高い点数を取る「ずるい！」クラスメートがいたんです。

あるとき〝ずるい奴〟が「論文を書くから、資料を見せて！」と言ってきたので見せてあげたら、私が何時間もかけて集めた資料を全部、使ってしまったので「私が使える資料がなくなっちゃったじゃないか！　ずるい！」と怒ります。

すると、そこから私の成績がどんどん落ちてしまったんです。「あいつめ〜！」と〝ずるい奴〟のことが頭から離れなくなります。そのせいで「勉強に集中できないじゃん！」となって成績がちっとも上がらなくなってしまったんです。

あまりにも成績が上がらないので「もしかして〝ずるい奴〟に足を引っ張られているの？」と、いつまでも頭から離れないあいつのニヤニヤした顔が浮かびます。

●「ずるい奴！」を打ち消す暗示《私のものは私のもの！》

あることに気付きました。私があいつを「ずるい！」って思えば思うほど、私の持っているものを〝ずるい奴〟に持って行かれてしまうのかも！

そこで〝ずるい奴〟が頭に浮かんだら、

《私のものは私のもの！》

と頭の中で唱えることで〝ずるい奴〟を消してしまうことにしました。

そうして浮かぶたびに打ち消していたら、みるみる私の成績は上がって、そして

〝ずるい奴〟と私のクラスでの立場が逆転したんです。

就職したときにも同じようなことが起きました。

私の業績を勝手に書き換えて持って行ってしまう〝ずるい社員〟がいて「ずるい！」と怒ってしまうと、私の成績がどんどん下がってしまうんです。

ほかにも〝ずるい人〟は会社の中にたくさんいたとはいえ、ずるいことをされても「ムカつく！」と思って一瞬で消えてしまうのですが、ずっと消えない〝ずるい奴〟はいつまでも頭の中でぐるぐるめぐって「あいつめ〜！」となってしまうんです。

すると、大学のときと同じように〝ずるい奴〟はどんどん成績が上がっていき、その一方、私はスランプ状態で、成績が上がらない！

そこで「待てよ！　また、足を引っ張られて、私のものを持って行かれているのかもしれない！」と思って、

《私のものは私のもの！》

と〝ずるい奴〟が頭の中に浮かんだときに唱えるようにしたんです。

すると、やっぱり立場はすぐに逆転！

「ほかの社員は、みんな〝ずるい奴〟の仲間か！」と四面《しめん》楚歌《そか》だったのが、いつの間にか**「みんな私の仲間じゃん！」**となって仕事を助けてもらって、どんどん成績が上がっていったんです。

ずっと頭から消えない〝ずるい奴〟は、**私の持っているものを持って行ってしまう〝ずるい奴〟**で、気にすれば気にするほど、どんどん持って行かれちゃうんだ～！

ということが私の中で納得できちゃったんです。

その一方、気にならない人は、足を引っ張らない人で、私のものを勝手に持って行かない人なんです。

だから、今でも「ずるい！」と気になって頭から離れなくなってしまったら、《私のものは私のもの！》と頭の中で唱えて〝ずるい奴〟を私の中に入れないようにしています。

●「ずるい」という感情が心に与えるデメリット

本当は「ずるい！」と感じた瞬間に、その場で「ちゃんとしてほしい」「不快だ」「やめてほしい」などと気持ちや希望を言えたらベストなのかもしれません。

でも、ずっと頭に残っちゃうような〝ずるい奴〟は、本当にずるいから、こちらに注意やお願いをさせる隙を与えません。

そのせいで「あのとき、なんでちゃんと言えなかったんだろう！」と後悔しちゃって、何度もその場面を思い浮かべてしまう。すると、頭が〝ずるい人〟に占領されちゃって**「持っているものをどんどん〝ずるい人〟に持って行かれちゃう！」**という具合です。

ここで「何を持って行かれちゃうの？　そんなに頭の中から盗めるわけないじゃない！　馬鹿なことを言って！」と、不思議に思った方もいるかもしれませんね。

具体的に見ていくと、こんな仕組みです。

①まず「ずるい！　それはちゃんとして！」とその場で言わせてもらえないことで、**怒りがたまって脳に帯電**してしまいます。

②そして、その「ずるい！」という過去の場面を頭の中で反芻《はんすう》することで〝**今**〟を生きられなくなります。

〝今〟を生きられなくなって、**過去のこと**をぐるぐる考えることで、時間は止まった状態になり、自分の成長もそこで止まってしまって**「成長しない！」**となってしまいます。

③さらに「なんで〝ずるい人〟はあんなことをするんだろう？」ということを相手の立場になっていろいろ考えることで〝**自分**〟**の感覚**が失われてしまうんです。

だって「どうしてあの人は」と相手の立場で考えれば、それは〝自分の感覚〟とはかけ離れてしまうから。

④それを何度も反芻させられることで「どんどん自分の感覚がわからなくなる！」となり**「自分が本当にしたいことがわからない！」**となって何事にも打ち込むことができなくなってしまうんです。

〝今〟を生きられなくなるから、成長がなくなり、さらに〝自分の感覚〟がわからなくなって打ち込むことができなくなる。

学生の場合は「成績が下がる〜！」とか「絶対に上がらな〜い！」という状態になります。私が成績の低い役割をとることで〝ずるい人〟は成績が高い役割をキープできることになるんです。

⑤そして、**私が「ずるい！」「ずるい！」と相手に執着すればするほど、私は自分自身の感覚や時間を失い、底辺に鎮座《ちんざ》させられる**ことになる。

――こういう仕組みです。

この「ずる」が一番、メンタルに悪影響！

●身内の「ずる」？　仕事の「ずる」？　うっかり遭遇した「ずる」？

一度〝ずるい人〟に反応をしてしまって「なんで、あのとき、あの人は、あんなことをしたんだ！」と、相手の気持ちを考えちゃったりしたら、時間が止まってしまって、そして、自分の感覚で生きられなくなり、どんどん底辺へ落ちていく〜！　となってしまいます。

家族・恋人・親友など、ごく身近な人の「ずる」。
まぁまぁ親しい人の「ずる」。
仕事などで好き嫌いにかかわらずつき合わないといけない人の「ずる」。
街中でうっかり遭遇する「ずる」。

……さて、一番メンタルに影響するのは、どんな「ずる」なのか？ もちろん家族や恋人、親友など、身近な人からの影響が一番強そうな感じがします。しょっちゅう顔を合わせるわけですから、身近な人に「ずるい！」と反応するようになったら、どんどん悪化するような気もします。

でも、実際は、そんなの関係ありません。**他人の足を引っ張るようなタイプの〝ずるい人〟は、街中にも、仕事関係でも、どこにでもいます。私たちの頭に残って、いつまでも頭から離れず、足を引っ張り続けます。**

● 〝足を引っ張るずるい人〟は本当に、ずる〜い！

たとえば狭い歩道を歩いていて、目の前からやってくる人が〝足を引っ張るずるい人〟だとしたら、「あの人、自分から避けないで、こっちにわざと避けさせようとしている！ ずるい！」と反応します。

そして仕事をしているときでも「なんであの人は〜！」と頭から離れなくなってしまう。だから「今を生きられないで成長できなくなる！」と悪影響を受ける。さらに「相手のことを考えちゃうから、自分の感覚がわからなくなっちゃう！」

という状態に……。

このように**〝足を引っ張るずるい人〟から受ける影響は、身近にいる人か街中で遭遇した人かどうかなど関係なく、まったく一緒**になるんです。

「ずるい！」けど頭からすぐに消えちゃうようなら〝足を引っ張るずるい人〟とは違うタイプの〝ずるい人〟です。

影響はそれほど受けないので、身内だろうが仕事関係だろうが、これもまったく関係ありません。

ですが〝足を引っ張るずるい人〟は本当に、**関係性や距離、時間の経過はまったく関係なく、たとえ過去のことであろうが、私たちが思い出して反応したとたん、時間も感覚もすべて持って行かれちゃう！**という感じになるんです。

でも、そもそも「ずるい」って何？

●もしかすると、自己免疫の反応かもしれない、という気づき

「はじめに」で少し触れたように「ずるい」とは心のアレルギー反応のようなものです。花粉症や化学物質過敏症のように、空気中に飛んでいると免疫が反応してしまうようなものなのです。私がそれに気づくまでの経緯を、これからお話しします。

「なんでこんなに〝ずるい人〟に反応しちゃうんだろう？」と悩んでいた時期のこと。

通勤電車に並んでいれば、私の後ろの人が私を追い越して席をとろうと入口に駆け込みます。

職場についたら、昼食時間をわざとずらして休み時間をごまかして休もうとしている社員、電話が鳴っているのに「面倒くさいから」と言って積極的に取ろうとしない人が目について「仕事をしないでずるい！」と怒っている私がいます。
外食に行けば、客によって態度を変える店員が目につくし「どこにいても〝ずるい人〟ばっかり気になってちっとも楽しめないじゃん！」となってしまうんです。

いろんなところに〝ずるい人〟がいて、それに反応する私のような人がいて、まったく反応しない人もいるってなぜ？　と真剣に考えてみると、

「あ！　ずるい！　って反応しちゃうのは花粉症と一緒なのかもしれない！」

とひらめきました。

人間の身体って〝自己免疫機能〟があって、体内で「ばい菌やウイルスから自分の身を守ろう！」ということをしています。

とくに腸の中には「悪いものが入ってきたから攻撃しろ～！」と指令を出すパイエル板というものがあって、身体の中に入ってきた異物や有害なものを攻撃し、排除します。

その自己免疫が暴走しちゃうと、害がない花粉でも「悪いものが入ってきた～！」

と攻撃しちゃうから、くしゃみや鼻水が止まらなくなって「仕事に集中できな～い！」となってしまうんです。

●「ずるい」の正体は、これだ！

もしかして〝ずるい人〟も、じつは花粉と一緒なのかもしれない。

私には直接的な害がないのに、「いいもの／悪いもの」を判断する自己免疫機能が暴走するみたいに、「正しい／間違っている」の判断システムが暴走しちゃっている。

だから「ずるい～！」と反応し続けて、その人を頭の中で攻撃し続けてしまう。

そして「花粉症で鼻水が止まらなくて、集中できない！」のと同じように「〝ずるい人〟に反応しちゃって、自分の人生に集中できない！」となっているのかも？

そうか！　こんなに「ずるい！」って気になるのは、私の中の「正しい／間違っている」の判断システムが暴走しちゃっているから反応しちゃって、そればっかり気になって苦しくなっていたんだ！

自己免疫が反応する仕組み

りふじん

「この人、ずるい！」

⇩

“いい子”で生きるために
「正しい／間違っている」の
判断システムが暴走

⇩

「この人は、間違っている！」

⇩

「あいつのことばっかり
気になる！　苦しい！」

そう考えてみると「なるほど！」と思えました。だから、花粉症のように、同じ量を吸っているはずなのに「全然大丈夫！」という人がいて、私のように「鼻水やくしゃみが止まらない～！　目がかゆい～！」なんていう人もいるんです。

私の場合……「〝いい子〟にしていなければ親から愛されない！」と思っていた。

〝いい子〟で生きるために「これは正しい！／これは間違っている！」と判断するようになった。

「いくら努力しても〝いい子〟になれない！」という状況で「正しい／間違っている」の判断システムが暴走。自分と関係ないところでも勝手に判断するようになって「ずるい！」と反応して、自分の人生を生きられなくなってしまっていた。

こう考えると「ずるい！」の正体がわかりやすくなりました。

「ずるい」って「正しい／間違っている」の判断システムが暴走して、自己免疫システムが暴走してしまう花粉症のようなものなんです。

〝ずるい人〟をどうしたい？「いなくなればいい」？

●人生から消し去るのは無理。だとしたら…

さて、だんだん「ずるい！」の正体が見えてきました。

……でも〝ずるい人〟を私たちの人生から消し去るのは、無理難題です。相手との関係を切るのが難しく、どうしても付き合わないといけないこともあります。

それでは、どうしたらいいのでしょう？

花粉症の私は、毎年春になると「この日本から、スギの木をなくしてしまえばいいのに！」と思ってしまいます。目がかゆくなって鼻水やくしゃみが止まらなくなると、スギの木に殺意が湧《わ》いてきちゃうんです。

でも、現実的にスギの木をなくすことは不可能です。

私は〝ずるい人〟に対してもスギ花粉と同じ反応をしていました。〝ずるい人〟に遭遇すると、その人のことが頭の中をぐるぐるして離れなくて**「この世から〝ずるい人〟なんていなくなっちゃえばいいのに！」**と思ってしまうのです。

でも〝ずるい人〟は花粉のようにありとあらゆるところに存在しているので**「〝ずるい人〟がいる外になんか一歩も出たくない！」**となります。

こう考えてみると〝ずるい人〟から自由になるって、花粉症の治療と一緒で、ものすごく困難なことなんだ！　ということに気がつきます。

私は長年、ものすごく花粉症に苦しんで苦労してきました。マスクをしたり、薬を飲んだり、漢方薬を処方してもらったり……いろいろ工夫してきたけど「あ〜！　楽になった！」という感覚はあまり得られませんでした。

でも、最近**「あれ!?　簡単に楽になれる！」という方法**を見つけちゃったんです。

消し去ることができないけど、私自身が簡単に反応しなくなり、花粉や〝ずるい人〟から自由になる方法が、そこにあったんです。次章でご紹介していきます。

2 章

「あの人、ずるい！」は、克服できる！

やつあたり

〝ずるい人〟に引っかからないために、できること

●〝ずるい人〟＝花粉のような存在!?

1章で「ずるい」とは心のアレルギー反応のようなもの、と紹介しました。

花粉症をマスクなどで予防できるように、また花粉症の症状が出ない人もいるように〝ずるい人〟にも引っかからない方法、〝ずるい人〟に反応しないようにするための方法があるのです。

1章で見てきたとおり、人間の体内には**「いいもの／悪いもの」の判断システム**があります。このシステムが暴走しちゃうと、本当は身体に害のない花粉に反応して、まるで病原菌が入ってきたときのようにくしゃみや鼻水が止まらなくなり、身体がだるくなって、動けなくなってしまいます。

それと同じように**〝ずるい人〟に遭遇したとき、体内の「正しい／間違っている」**

の判断システムが暴走しちゃうと、自分に実害はないのに反応しちゃって、怒って地団駄を踏んで、悔しい〜！　とそのことしか考えられなくなり、殺意が湧《わ》いてしまう。

まるで病気の人のような思考パターンになってしまうんです。

●一般的な花粉症対策

一般的な花粉症の簡単な対策は、外に出るときはゴーグルやマスクをして、花粉症の薬を飲みます。そして、家に入るときも頭や体についた花粉を丁寧に落としてから入って、窓は決して開けないで、花粉を家に侵入させないようにします。

〝ずるい人〟に対しては、相手が目に入ってこないように、スマホや本に集中します。それがマスク代わりになります。

どうしても気になって眠れなくなってしまったり、イライラして仕事が手につかなくなってしまった場合は精神科のお薬を飲んで反応しないようにします。つまり〝ずるい人〟とは決して付き合わないように「見なければいい！」とか「気にしなければいい！」とか言うけど気にすればするほど目に入ってきてしまうから、だったら、お薬を飲んで気にならないようにすればいい、という考え。これが一般の対応です。

私は、子供の頃から花粉症で苦しんできました。貧乏だったからお薬は「もったいない」とあまり使いませんでした（当時はあまり普及していなかったんです）。

働くようになって自分で薬を買って飲んだら、頭がボーッとして「集中できない！」となります。花粉でボーッとして集中できないままでいいか？ それとも薬でボーッとするほうがいいか？ という選択になってしまいます。

そんな薬を飲んでいたら、今度は胃の調子が悪くなって「薬が飲めない！」となり、漢方を試しても同じように胃がやられて「薬で対策ができない！」となってしまいました。だから、できるだけ外出するときはマスクをして、帽子をかぶって、さらに花粉が付着しにくい服を着ます。

そして、帰ってきたら、絶対に家には花粉を入れないぞ！ という努力をしていました。ちなみに〝ずるい人〟にも似たような対策をとっていました。

●私が見つけた花粉症対策〜遺伝子のスイッチをオフ！

あるときのこと。田舎の民家に泊まったら、その家は隙間だらけで寝室が「花粉とホコリのダンスパーティーじゃ〜！」という状態になっていました。

横になったとたんに、家のホコリも交ざって、突然「え？　鼻と喉がつまって息ができない！」とパニックになります。息が思うように吸えなくなってきて「このまま息ができなくて死んでしまうかも〜！」という状態になってしまったんです。

ここで慌てて動いたり、鼻をこすったりしたら悪化するのがわかっていたので「じっと耐えていれば、なんとかなるかもしれない」と、心を冷静に保とうとするのですが、本当に息ができないんです。

そんなとき「どうしたらいいんだ！」とちっちゃい脳みそをフル回転させます。これまで勉強した花粉症の仕組み、身体の反応、そして遺伝子の種類がバーッと頭の中に浮かんできます。

専門的な話になってしまいますが、遺伝子というのは2万数千個もの種類があると推定されていて、どの遺伝子を持っているかによって身体的な特徴に違いが出ます。

今は遺伝子の研究が進んでいて、治療にも使われています。たとえば「ある免疫系の病気の原因になる遺伝子」を持っていたら、その特徴を抑える（オフにする）方法をとることで、免疫反応を抑えることが可能になってくるんです。

呼吸がうまくできない中で、自分の頭の中で議論がはじまります。

「花粉症の遺伝子があるからいけないのか？」

「でも、待てよ！　私だって、最初から花粉症じゃなかったし！」

「あ！　花粉症の遺伝子のスイッチが入っちゃったから、自己免疫が暴走してしまったんだ！」

「そしたら、遺伝子のスイッチをオフにして、花粉症がなかった頃に戻しちゃえばいいんじゃん！」と、議論の末に、ひらめいたんです。

「この苦しみからなんとか抜け出したい！」と必死になっていたので、頭の中に記憶していた、たくさんある花粉症の遺伝子のリストを引き出して《TNF《ティーエヌエフ》の還元》という言葉を7回唱えてみました。また専門的な話になってしまいますが、《還元》は「症状（ここでは花粉症）の原因遺伝子をオフにして、元の生まれたときの状態に戻れ！」というコマンド（身体に命令を出す用語）です。

ところが、なんの変化もありません。「めちゃくちゃいいアイディアがひらめいた！」と思っていたのに「唱えてもまったく変わらないぞ！」とちょっと絶望し、ますます息苦しさが増していきます。

「ヤバい！　苦しい！」

私は、次の遺伝子である《IL10《アイエルテン》の還元》を7回唱えてみました。

「ますます苦しくなった〜！」

「でも、待てよ！　花粉症の遺伝子コードを唱えただけで、鼻水の量が増えて苦しくなったということは、もしかして、いけるかもしれない！」

かすかな希望にすがり、また別の遺伝子である《IL6《アイエルシックス》の還元》と7回唱えてみました。今度は、喉がカピカピに渇いて、張り付いた状態になって息苦しさが増します。

「ヒエ〜！」

慌ててほかの遺伝子を頭の中から引っ張り出して《CD40LG《シーディーフォーティエルジー》の還元》と7回唱えてみました。すると「あれ？ ちょっと息ができるようになってきたかも！」と思った瞬間に今度は「ハックション！」と、くしゃみが出て止まらなくなります。「なんなんだ、これは～！」と思いながらも興味深くなってきて、また別の遺伝子である《CD79A《シーディーセブンティナインエー》の還元》と7回唱えてみました。

その瞬間！ 私は意識を失い、深い眠りに入ってしまったんです。

田舎の眩《まぶ》しい朝日とさわやかな小鳥の声で目を覚まし「僕は悪夢を見ていたのか？」と、昨夜の出来事をフッと思い出します。息ができなくなって死にそうになって、悪夢を見たのかも？ と思いながら、布団から起き上がった瞬間に、再び鼻がむずむずして「やばい！ 花粉症の症状が出てくる～！」と再びパニックになりそうに。

そのとき**「あ！ 《CD79Aの還元》って7回唱えればいいんだ！」**と夢で見た出来事を思い出して《CD79Aの還元》と唱えた瞬間に「ス～ッ！」と花粉症の症状が消えていったんです。

「え？　あれって夢じゃなかったんだ！」と昨夜のことをリアルに思い出します。
免疫の暴走に関連している遺伝子のコードに「症状がなかった頃に戻れ！」と命令したら、症状から解放されちゃったんです。

言葉を唱えて元に戻る！

花粉症で眠れない…

↓

《CD79A の還元》を７回唱える

↓

その瞬間！
ス〜ッと症状が消えた！

●遺伝子のコードは、人によって効き方が違う

職場に戻ってから、同じく花粉症で苦しむ同僚に、興奮しながらこの話をして遺伝子のコードを紹介しました。

すると同僚は、私が紹介した遺伝子コードをいくつか試して、

「あ！　私は《CD79Aの還元》じゃなくて《CD40LGの還元》のほうが効きますね！」と、さらっとした顔で言います。

「あ！　人によって効くコードが違うんだ！」と、ちょっとびっくりしたのと「おい！　あんなに苦しんでいた花粉症から解放されるっていう、すごい発見なんだから、もっと感動してよ～！」と心の中で叫びました。

もしかして、花粉に対して遺伝子のコードを唱えることで反応しなくなるんだったら**〝ずるい人〟に対しても、同じように遺伝子のコードを唱えたら反応しなくなって自由に生きられるようになるかも！**　と、このとき光が見えてきたんです。

あなたの心から〝ずるい人〟がいなくなる仕組み

●〝ずるい人〟のタイプ別に、おすすめの《暗示》があります

「ずるい！」は心のアレルギー反応ですから、反応しないようにすれば（＝自己免疫の暴走を抑えれば）いいのです。ただ「気にしない！」「絶対、反応しない！」などと自分に言い聞かせても、余計に気になるもの。

そこで**〝ずるい人〟に引っかからないためにおすすめしたいのが、「《暗示》を唱えること」**です。

私が長年悩まされてきた花粉症に対しては、自己免疫の暴走を抑えるための方法として《遺伝子のコード》が効きました。ただし、これはアルファベットと数字の組み合わせなので「難しい」「覚えづらい」という声もあります。

そこで、本書では、もう少しやわらかい言葉で表現した《暗示》をご提案します。

この《暗示》は、複数の《遺伝子のコード》を組み合わせたものですので、どちらを唱えても同じような効果を得られます。

《遺伝子のコード》1つだけを唱えると「ピンポイントに、一発で、長く効く」。

《暗示》を唱えると「幅広く効く」。あなたのお好みのほうを唱えてみてください。

冒頭のチェックリストの結果はいかがでしたか？

A〜Dの4タイプに分かれていますが、おすすめの暗示はそれぞれに異なります。

なぜなら、人によって、スイッチが入りやすい遺伝子が異なるからです。

ちなみに、暗示を唱えるのは、最初のうちだけで大丈夫です。

そのうち、暗示を唱えなくても、スルーできるようになります。

これを私は「インストール」と呼んでいます。パソコン内に新しいコンピュータソフトが入るように、自分の中に「〝ずるい人〟が視界に入っても気にならない状態」「〝ずるい人〟が攻撃してきても引っかからない状態」が取り込まれるのです。

●「気にしない」「怒らない」「大人になろう」は逆効果

私の同僚は、花粉に反応したら一晩中眠ることができないこともあったのに、遺伝子のコードである《CD40LGの還元》と7回唱えると、スーッ！と眠れてしまったそうです。

言葉を唱えるだけで、花粉に反応しない状態になれたのです！

私の天敵である〝ずるい人〟に対しても、同じ効果が期待できると考えます。

電車のホームで〝ずるい人〟を見て反応しちゃう私と、まったく反応しないほかの乗客がいる。ということは、花粉症と同じように〝ずるい人〟に反応しちゃう遺伝子の問題が関係しているのかも？　という考えです。

以前から〝ずるい人〟に反応したくない！　と思って、私は電車に乗るたびに「気にしない！　気にしない！」と自分に言い聞かせたりしました。

でも、これは逆効果で、電車から降りたら怒りが、ぐわー！と湧《わ》いてきちゃって

「ムカつく〜！」と余計に怒っていました。

あるときは、本を読んで「怒らない！　怒らない！」を連発してみたこともあります。最初のうちは「あ！　ちょっと気にならなくなったかも！」という気がしたのですが、すぐに「やっぱり〝ずるい人〟が気になっちゃう！」と反応しちゃっている自分がいます。

〝ずるい人〟を見るたびに、自分で自分に「気にしない！」「怒らない！」と言い聞かせ続けなければいけないのか？　そう思ったら「〝ずるい人〟が悪いのに、なんで私が努力をしなきゃいけないの？」とむかつくし、面倒くさくなって、やめてしまいました。

〝ずるい人〟を見たら「自分は大人になろう！」と言い聞かせたことがありましたが、これも長続きはしませんでした。

これまで〝ずるい人〟に反応してしまうのは、自分の考え方の問題や「心の持ちよう」なのかな？　と思っていたのですが、それだったら「〝ずるい人〟を気にするんじゃなくて、大人になろう！」と決心をして努力するだけで変わるはずです。

とはいえ、電車で人を押しのけて席をぶんどってしまう人を見て「疲れていらっしゃるから必死なんだな」と思ってみても、最初は気にしない振りができるのですが、だんだん気になってしまって、最後は、やっぱりいつもと同じように「むかつく！」に戻ってしまうのです。

だから、花粉と一緒で、**一度体が反応するようになったら自分の意志の力ではどうしょうもないのかも？**　と思ったのです。「花粉を気にしない！」って思ったって花粉症の人には何の役にも立たないのだから。

●自分に合う《暗示》を発見！

自分の花粉症で成功したので、〝ずるい人〟にも反応しないようになりたい！　と思って、真剣に遺伝子のコードを探してみることにしました。

さっそく電車に乗ろうとしたら、私の後ろに並んでいた人が私を押しのけて先に乗車して、空いている席に座ってしまい「ずるい！」となります。

いつもだったら「〝ずるい人〟って本当にムカつく！」と、その人から目が離せなくなってしまって、どんどんイライラが酷くなり、そうすると不思議と私の周りに〝ずるい人〟が集まってきて、ものすごく不快な思いをしちゃうんです。

そこで「〝ずるい人〟に対する反応も、花粉症と同じなの？」と思って、花粉のときに救われた《ＣＤ79Ａの還元》を7回唱えてみました。

すると、頭がス〜ッ！と通る感じになって、不快な気分がなくなります。

いつもだったら〝ずるい人〟が押し寄せてきていたのに、**私のスペースがちゃんと確保できている感覚**があったんです。

それでも「ホントかな？　本当に〝ずるい人〟って花粉症と一緒なの？」と、まだ信じきれなかった私は、電車内でほかの〝ずるい人〟を探します。

すると、端っこの席に座っているお姉さんが、目の前に人が立っているのに足を組んでブラブラさせながら携帯をいじっているのを発見。「ほかのみんなは、周りの人に迷惑にならないように座っているのに、ずるい！」と怒りが湧いてきます。

花粉症にも“ずるい人”にも効いた遺伝子コード

“ずるい人”が押し寄せてくる…

↓

《CD79Aの還元》と７回唱えてみる

↓

自分のスペースをちゃんと確保！

今度は、花粉症の遺伝子コードじゃなくて〝怒りっぽい人〟の遺伝子コードで試してみよう！　と実験してみます。

すると、遺伝子コードを唱えている途中から頭が痛くなって「ヒエ〜！　〝ずるい人〟と〝怒りっぽい人〟は違うんだ〜！」と、試したことを後悔します。

でも、まだまだ信じきれず「〝ずるい人〟が花粉と一緒のわけがない！」と、次は〝正義感〟の遺伝子コード《ＴＰＨ１《ティーピーエイチワン》の還元》を７回唱えてみたら、今度は股がかゆくなってしまいました。

そして、その足を組んでいる女性を再び眺めて「ずるい！」とむかつきながら、花粉症の遺伝子コード《ＣＤ79Ａの還元》を７回唱えてみました。

すると、さっきまでのかゆみがなくなり、〝ずるい人〟であるはずの女性が風景の一部となって、気にならなくなってしまったんです。

私にとっての〝ずるい人〟って花粉とかハウスダストと一緒なんだ！

そう気づいたら、おかしくなってきました。

たしかに、一度「ずるい！」って反応すると、一日中それに頭がとらわれてしまって、花粉症のときのように仕事に集中できなくなり、そしてイライラして殺意が湧《わ》いてしまいます。

幼い頃は〝ずるい人〟にそんなに反応しなかったけど、それは花粉症と同じように、遺伝子のスイッチが入っていなかっただけ。遺伝子のコードを唱えて、スイッチを元に戻しちゃったら「あ！　普通の人と同じようにスルーできるようになった！」と普通の人の感覚に戻れるから興味深いんです。

そして、花粉症のときも同じなのですが〝ずるい人〟を見るたびに《CD79Aの還元》を唱えていたら、だんだん〝ずるい人〟を見てもスイッチが入らなくなり、いつの間にか「あれ？　気にならなくなっている！」という状態になっていました。

以前は、人を見ると必ず〝ずるい人〟が視界に入ってきてしまうので、外に出るのが不快でしょうがなかったのですが、花粉症の時期にマスクをしないで外に出られる感覚になります。**見ても反応しない！　意識的に避けるんじゃなくて、自然にスルーできる！**　そんな状態になっていったんです。

「ずるい！」の感情から解放されたら、こんなハッピーが待っている！

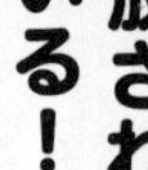

●Happy☆焼きたてパンのすてきな香りを満喫

私自身の実体験や「ずるい！」を克服した方の事例をいくつか紹介します。

私がパンを食べていた頃（今は小麦を制限しているので食べていないんです）に「美味しいパンを食べよう！」と、遠くにあるお気に入りのパン屋さんまで買いに行っていました。

そして「どれにしようかな？」と選んでいると、なんと後から来たおばちゃんが、私が買おうとしていたパンを片っ端からお盆に載せていってしまいます。

ここで「ずるい！」と反応しちゃうと、私も負けじと、欲しくもないパンをお盆に載せてしまうところなのですが、**《CD79Aの還元》**を唱えていたら、その反応が起きません。大量買いをしていくおばちゃんをスルーして、**焼きたてのパンの香りを満喫している自分**がそこにいたんです。

そうしたら「ただいま、新しいバゲットが焼きあがりました〜！」と声がかかり「やった〜！」となります。おばちゃんに負けじとお盆に載せたり、慌ててレジに並んだりしなくてよかった〜！

私が気に入っている焼きたてのバゲットをお盆に載せて、その素敵な香りを胸いっぱいに吸ってレジに並びながら**〝ずるい人〟に反応しない普通の人の感覚**を満喫していたのでした。

●Happy☆転職続きだったのに、会社に認められて昇給も

ある男性は、勤め先で〝ずるい人〟に反応しちゃって「あなたは間違っている！」と相手を注意したり、問題視したりしていました。

でも〝ずるい人〟が相手なので、いつの間にか自分が悪者にされてしまって、みんなから嫌われて「仕事が続けられない！」と転職をしてしまいます。

〝ずるい人〟を見ると、どうしても許せなくなって、そして相手を攻撃して立場が悪くなって、転職をする――ということを繰り返していたんです。

うん、うん、わかる！　私もそうでした。その男性の話をお聞きしていると、花粉症で苦しんでいた日々のことが思い出されます。彼は「新しい職場に入ったけど、また〝ずるい人〟に反応して転職するのはもう嫌だ！」とおっしゃっていました。

同じく花粉症にも苦しんでいたので「私と同じだ！」と思って、その方に遺伝子のコードのことを説明して、一緒に試してみることにしました。

早速、新しい職場で見つけた〝ずるい上司〟を思い浮かべていただきました。

「自分の手柄をみんな持って行ってしまう上司は、ずるい！」と怒りが出てきます。

そこで《CD79Aの還元》を唱えていただき、再び上司のことを思い浮かべていただいたら「多少怒りは小さくなったけど、まだ、ずるいことをして私を利用している感じがする」とおっしゃいます。

そこで、ほかの花粉症関連の遺伝子である**《ANGPTL4《アングピーティーエルフォー》の還元》**を唱えていただくと「あれ？　どうでもいいかも！」とおっしゃいます。

「へ～！　私とコードが違う！」と、ちょっとびっくり。

そして「〝ずるい人〟が気になったら、このコードを7回ワンセットとして、何セットでもいいですから唱えてください」とお伝えしました。

しばらくしてからその方にお会いすると「あ！　雰囲気が変わった！」。以前は、ギラギラとして落ち着きがない印象だったのが、すっかり落ち着いていらっしゃって、なんだかかっこよくなっていました。

そして開口一番「あのコードって相手を変える効果があるんですか？」とお聞きになって「え？　何のことですか？」となります。

「それまで失礼な態度をとっていた上司が、コードを唱えているうちに**だんだんと変わって、優しく指導をしてくれるようになった**」と言うんです。

「へ〜!」と、びっくり。

そして**「これまでいくら仕事をしても認めてくれなかった会社が、ちゃんと認めてくれて、昇給まであった」**と言うんです。「以前の会社だったら考えられない対応なんです!」と喜んでいらっしゃいました。

〝ずるい人〟に反応していたときって、落ち着きがなくて、ふわふわしている感じだったのが、コードを唱えて「ずるい!」と反応しなくなったら、**落ち着いていて自信があるように見えて「自分という軸がぶれない!」という印象に変わった**んです。

腹が据《す》わった、っていう感じ。だから会社からもちゃんと評価されたんだろうな、と、その方のことがちょっぴりうらやましくなりました。

●Happy☆「女性らしさ」に抵抗がなくなり、自然と彼氏ができた

ある女性は「男性とお付き合いをしたいのだけど、いい男性は〝ずるい女性〟にみ

んな持って行かれてしまう！」と悩んでいらっしゃいました。

職場でも、出会いの場でも、男性の前になると必ず「私って女らしいです！」と演じて〝平気でうそをつくずるい女性〟がいて、それを見るとイラッとしてしまう。だから、ちっとも意中の男性に話しかけることができない！　とおっしゃっていました。「私はあんな〝ずるい女性〟になりたくないんです！　でも、男性とはお付き合いがしたいんです！」と話していらっしゃいました。

電車の中でも、女らしさをアピールしている〝ずるい女性〟を見つけるとイライラしちゃって「ずるい！　私なんて！」と惨《みじ》めな気持ちになっていたそうです。

私も、花粉症が酷かったときは、鼻水ズルズルでみっともない顔をしている、と思っていたので自分に自信が持てず、女性に話しかけることなんて絶対にできない！と思っていました。

それと同じかな？　と思って、花粉症の遺伝子を試してみることにします。

まず、職場で女性らしさをアピールする〝ずるい人〟を思い浮かべていただきます。

すると「イライラします！」となったので《CD79Aの還元》を7回唱えていただきます。唱え終わって、もう一度〝ずるい女性〟を思い浮かべていただくと「やっぱりイライラします！」となりました。

そこで、ほかの花粉症の遺伝子である《CD40LGの還元》を唱えていただくと「やっぱりムカつきます！」。

だったら《ANGPTL4の還元》はいかがでしょう。すると「あれ？　気にならないかも？」と、ちょっとびっくりされます。

「もしかしたら、何度も唱えているうちに、慣れただけかも？」とおっしゃったのですが、別の〝ずるい女性〟で試してみても、やっぱり《ANGPTL4の還元》を唱えたときだけ「別に、気にならないかも～！」となるから興味深いんです。

人によって、合う遺伝子が違うんですね。

しばらくして、彼女とお会いしたときに「あ！　綺麗になっていらっしゃる！」という印象を持ちます。以前は全然化粧っ気がなくて、うつむき加減でお話になる感じだったのが、素敵なナチュラルメイクで、ちゃんと顔を上げてお話になっています。

ちょっと輝いていて「これまでとは違うかも！」と思っていたら「男性と付き合いはじめたんです！　相手はちょっと変わりものなんですけどね！」と報告していただきました。飛び上がって拍手をしたいぐらい嬉しくなります。

「〝ずるい女性〟が気にならなくなったら、綺麗な女性のメイクが真似できるようになった」とお話しいただき「なるほど！」となります。「ずるい女性に反応しなくなったら、**自然と男性が寄ってきて、いつの間にか付き合っていたんです**」と、のろけ話まで。

〝ずるい人〟って本当に厄介なんだな！　そして、その〝ずるい人〟から解放されたら、こんなに自由になるんだ！　と思った瞬間でした。

Column 私が「唱える」ことに興味を持ったキッカケ ①

私が「唱える」ことに興味を持ったのは、ストレスとホルモンとの関係を調べていたときです。

人は本来、健康的な状態であれば、ストレス刺激を受けたときにストレスホルモンが上昇します（たとえば街で危なそうな人物とぶつかりそうになる、サッカー場で「ホーーン！」という爆音が鳴る、など）。**ホルモンが上昇することで、その場ですぐ的確に逃げたり闘ったりの反応ができ、考えることなく危機を回避できるんです。**

でも、トラウマの人（心に傷を負った人）はストレス刺激を受けるとホルモンが上がらずに下がってしまい、的確に反応できなくなります。そして、ストレスがどんどん脳内に蓄積されて眠れなくなったり、思うように動けなくなったりしてしまいます。

あるとき、ストレスレベルを検査できる機械で実験をしてみました。自分の唾液をチップに採取してその機械に入れると、１分以内に現在のストレス値がピッ！と出てきます。すると、爆音を聴いた後のストレス値が、なぜか安静時のそれと変わっていませんでした。ホルモンが適切に反応していなかったんです。

この解決策を考えながら坂道をジョギングしていたら「そうだ！　ホルモンの名前を唱えて分泌させちゃえばいいじゃない！」と思いつき、さっそく実験しました。**《アドレナリンの分泌》**を７回、頭の中で唱えてみると、急に心拍数が上がって、筋肉がものすごく激しく動き、目の前を走っている人たちをごぼう抜きに！「唱えることでホルモンを分泌できるのかも」という新しい仮説がここに立ったんです。

3 章

“不真面目でルールを守らない人”を見ると、許せない！ときの対処法

チェックリストでⒶが多かった人へ

●このタイプの特徴＝ちょっとした〝ズレ〟に反応

真面目なせいで、ほかの人が気にならないようなこと（ちょっとした矛盾や違和感）まで気になってしまうタイプです。

たとえば、道端に落ちている犬のウンチを見て「嫌なものを見てしまった。なんで飼い主はちゃんと処理しないんだ……今日はなんてツイてない日だろう……」と一日じゅう不快な気持ちのまま過ごす人もいれば、犬のウンチが視界に入っても気にせず過ごせる人もいます。

前者のように、ちょっとした〝ズレ〟が気になってしまうのがこのタイプです。

●おすすめの暗示＝《事象と記憶の統合》

ちょっとしたズレへの反応を抑えるために、《事象と記憶の統合》という暗示（または遺伝子コード《ANGPTL4《アングピーティーエルフォー》の還元》でもＯＫ）を唱えることをおすすめします。７回でワンセットです。

唱えているうちに「そういえば、こんなことって過去にもあったし、大したことないじゃん」って思えるようになります。

「そういえば、犬のウンチなんて、そこらじゅうに落ちているよな～」

「そういえば〝ずるい人〟なんて、どこにでもいるよね～」

そんなふうに思えてくるんです。この暗示で成功した例を３つ紹介します。

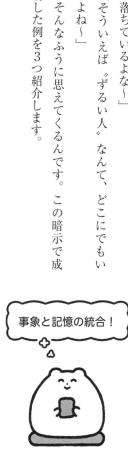

●ケース1▼自分は絶対に払わない、ケチケチな〝ずるい人〟!

友達と食事に行ったときに、お会計のときになると、酔っているのか、それとも酔った振りをしているのかわからないが、一向にお財布を出そうとしません。

前回もそうやって私が払うことになってしまったので「今回はあなたが払う番でしょ!」と思っていたのに、前回同様に私が食事代を払うことになってしまいます。

会計が終わると、私よりも何倍も給料を取っている人なのに「すみませんね、いつもごちそうになって!」と、ただそれだけ言って帰ってしまうあの人は「ずるい!」となります。

この〝不真面目でずるい人〟を見ると許せないタイプの人は「あんたのほうが稼いでいるんだから払うべきでしょ!」とか「前回、私が支払ったんだから、あんたが払って当然でしょ!」という**正直者の常識**があります。そして「**言わなくてもわかるでしょ!」というのが常識**だから、相手には伝えません。

さらに「料理が終わって店員さんが待っているから早くお会計を済ましてあげなければ」とか「いつまでもダラダラしていたらお店の迷惑になる」など、お店のルールを察知して「なんでこの人は、店員さんが待っているのに率先してお会計をしようとしないんだ！」と、ルールに従わない友達に「ずるい！」と反応してしまいます。

逆に言うと〝不真面目でずるい人〟と一緒にいると「率先してお会計をするべきでしょ！」とか「お店の人に迷惑をかけないようにするべきでしょ！」なんていう〝**正義感**〟**に駆られてしまう**んです。

「私が正しくて、この人はずるくて間違ってる！」と思って許せない！　となったときに〝正義の味方〟に変身してしまいます。

しかも〝正義の味方〟だから「今回はあなたが払って！」とか「今日はごちそうになります！」なんていう「ずるいこと」が言えなくなります。

そして〝正義の味方〟はお店の人が迷惑がっているのを我慢できなくて「私が払いましょう！」と会計をしてしまいます。

会計後にも「半分出すからいくらだった？」とか「いつも払ってもらってごめん！

今度は私が払うから！」と言うべき、という常識があるのですが、それもしない〝不真面目でずるい人〟に「許せない！」となります。それでも〝正義の味方〟に変身しちゃっているものですから、それすら相手に伝えることができず、**怒りがぐるぐると自分の中で帯電しちゃって〝ずるい人〟にとらわれてしまう**んです。

▼一般的な対処法

これに対する一般的な対処方法だったら、こんな感じになります。

〝いい人〟や〝正しい人〟を演じていると〝ずるい人〟に自分の思っていることを伝えられなくなって悔しい思いをしてしまいます。

だから〝正しい人〟や〝いい人〟を演じるのをやめてみましょう。

〝いい人〟を演じているから、思ってもいないのに、つい「いいよ！　いいよ！」と言ってしまって、ちっとも感謝をしない〝ずるい人〟に「悔しい！」となる。

だから〝正しい人〟を演じなければ、店員さんに気を遣って焦って支払っちゃうことだってなくなる。〝ちょいワル〟になって「よ！　今日は、お会計よろしく！」なんて具合に去っていけるようになれば〝ずるい人〟なんて気にならなくなるし〝ずるい人〟に巻き込まれて「ムカつく〜！」ってぐるぐる考えて時間を無駄にしちゃうことだってなくなるはず。――というわけです。

▼**本書の対処法**

「〝いい人〟〝正しい人〟をやめればいい！」って言われても無理〜！　という人は「ずるい！」と反応しちゃったときに《事象と記憶の統合》という暗示（または遺伝子コード《ANGPTL4の還元》でもOK）を頭の中で、7回ワンセット唱えてしまいます。

「そろそろお会計をしなきゃ！」と焦ってきたときに、頭の中で《事象と記憶の統合》と7回唱えてみると、友達に対して**「今日はお会計お願いします！」とにこやかに言えちゃいます。**1章で書いたように「〝ずるい人〟に反応しちゃうのは、アレルギー反応と一緒」と考えてみると面白いんです。

このAタイプの人はとくに、正義感が強い人ですから〝ずるい人〟が花粉のような感じで飛んでくると「正しい／間違っている」の自己免疫が「わ〜い！」と暴れて、身体の中で〝ずるい人〟を「あんたは間違っている！」と攻撃しまくってしまいます。

自分の中で〝ずるい人〟を攻撃すれば「なんで私がこんな目に遭わなきゃいけないんだ！」と自分がダメージを受けちゃうから、**ますます「〝ずるい人〟に攻撃しろ〜！」と攻撃が止まらなくなり、さらに自分がダメージを受けて、**という悪循環になってしまいます。

「正しい／間違っている」の自己免疫が暴走していると「**〝ずるい人〟に反応することで自分自身にダメージを与えているんだぞ！**」という認識が持てなくなります。

さらに「〝ずるい人〟を頭の中で攻撃しても相手は変わらないぞ！」という学習が一切働かないから、同じ対応じゃ変わらない相手なのに、同じことを繰り返してしまうんです。

《事象と記憶の統合》（または《ANGPTL4の還元》）を唱えてみると「あれ？〝ずるい人〟なんてどうでもいいかも？」と思えます。

それは〝ずるい人〟を気にしたときに受ける自分のダメージをちゃんと認識できるようになって、「〝ずるい人〟が変わらない」という記憶がちゃんと自分の中に残るから「関わらない！」という選択肢を的確に選べるようになるからです。

花粉が飛んでいて、自己免疫が暴走しちゃうと「涙や鼻水が止まらない！」となりますが、コードを唱えちゃうと「花粉に反応しない！」となるのと一緒。

〝ずるい人〟に反応しちゃったら自分を傷つけちゃう！　と、ちゃんと自分の中に腑《ふ》に落ちるようになるから、考えなくても〝ずるい人〟に関わらなくなるんです。

●ケース2▼ジムでマシーンを占領する、マッチョな〝ずるい人〟！

スポーツジムに行ったときのこと。「トレーニングが終わったら、マシーンから離れてください」と書いてあるのにもかかわらず、そこに座ったままスマホをいじっているマッチョな男性がいます。その人のせいで、私はマシーンが使えません。

「もしかしたら、スマホに記録をしているのかも？　もうすぐ使うのかも？」と思って待っていても、一向にマシーンを使おうとしないんです。

しょうがないから、諦めて違うマシーンのところに移動。トレーニングをしてちょっと休憩していたら、さっきの人が私の前に来て「終わったんだったら、そこからどけよ！」的な態度でいます。私は休憩したらすぐにまた使いたかったのに、手を止めた瞬間に「どけ！」と言わんばかりに睨《にら》んでいるんです。

しょうがないから「すみません！」と言って、先ほどのマシーンに戻ろうとしたらほかの人が使っています。なかなか終わりそうもなかったから、さっきのマシーンに戻って来たら、またあいつがスマホをいじっていてマシーンなんか使っていないんです。「すみません！　まだ使っています？」と恐る恐る聞いたら「ああ！　まだ使ってるから！」と、つっけんどんに言われて「こいつ、本当にずるい！」とムカついてしまいます。

そして、ジムにいる間中、その人のことが気になるようになって「シャワーの時間は10分って決まっているのに、あの人は！」とか「ジムのタオルを勝手に何枚も使っている！」なんて気になってムカついて仕方がなくなって「もう！　あのジムに行くのは嫌！」となってしまったんです。

「不真面目でずるい！」と許せなくなってしまう人は常識的な人で、そこにあるルールをちゃんと守ります。そして、ルールを守らなくて、自分の都合のいいように動いている人を見ると「間違っている！」と反応しちゃうんです。

こちらが反応しちゃうと〝ずるい人〟はどんどんずるいことをして、さらに〝ずるい人〟から目が離せなくなり「この人許せない！」と居ても立っても居られない感じになってしまうんです。

そして〝ずるい人〟に対して注意なんかしたら、相手は「ずるい反応」で返してくるので「き〜！」となってその人のことが頭から離れなくなり「もう嫌だ〜！」と夢も希望もない不快な状態にさせられちゃうんです。そこからなかなか抜け出すことができなくなるんです。

▼一般的な対処法

一般的な対応としては「あっ〝ずるい人〟だ！」と見かけたら、そこから離れるか、その人に注目しないようにしましょう！　となります。

一度注目してしまったら、次から次へと「ずるい！」ことをするので「ますます許せない！」とその人にとらわれちゃうから「見ないようにする！」というのが一番の対処方法になるんです。

芋洗い状態のプールやビーチに行って、人ごみに注目してしまうと「なんでこんなに混み合っているところに来ちゃったんだろう？」と後悔しますが、一度、人ごみから注目を外して仰向けになって上を見てみれば、誰もいない青空が一面に広がっていて「あ〜！　来てよかった！」という気分になれます。それと同じように、「見ない！」ようにすれば、ほかのところに一面の自由が広がっているんです。

▼本書の対処法

〝不真面目でずるい人〟は花粉と一緒だから、一度目に入っちゃったら「その場から逃げる！」しか、本当は対処のしようがありません。

〝ずるい人〟と同じ場所にいる限り、花粉が充満している部屋にいるのと同じだから

「ずるい！」と反応しちゃって、不快な気分がどんどん増幅して「もうここには来たくない！」となってしまうんです。

「なんで書いてあるルールを守れないのかな？」なんて思ってしまったら〝不真面目でずるい人〟は「あんたもルールを守っていないだろ」とばかりにこちらを責めるような目で見てきて「私が悪いことをしているのかも？」と思わせます。

そして、ルールをしっかり守ってやろう！　と思っても「やっぱり〝不真面目なずるい奴〟はルールをちっとも守っていないじゃん！」と悔しい思いをさせられて、どんどん惨《みじ》めな気持ちにさせられるんです。

〝ずるい人〟はちっとも周りの人から責められないで、ちゃんとルールを守っている私だけが惨めな思いをするなんて！

そんなときに《事象と記憶の統合》（または《ＡＮＧＰＴＬ４の還元》）を７回ワンセット唱えてみると「あれ？　気にならないかも？」となります。

また、気になりそうになったらすぐ唱えて、こらえていくと、だんだんと気にならなくなって、その場で自然と楽しめるようになるんです。

●ケース3▼ファミレスで騒ぐ、マナー違反な〝ずるいヤンキーたち〟！

ある女性のエピソードです。ファミレスで食事ついでに、残っている仕事も終わらせちゃおう！　と思ってパソコンを広げたら、近所のヤンキーたちが大きな声を上げて笑っていて、イラッとしてしまいます。

彼らのテーブルを見ると、飲み物しか頼んでいないのにいつまでもダラダラそこで過ごしている様子。靴下を脱いでまるで家にいるようにくつろいでいる奴までいるんです。

みんなは静かに食事をしたり談話をしたりしているのに、まるで周りに人がいないかのように傍若無人に振舞っている姿を見ると「マナーを守らないでずるい！」と思ってしまいます。

「私なんて、ちゃんと食事を注文したけど、仕事をしようとしているしお店の人に申し訳ないと思うから、普段注文しないドリンクまで注文した。それなのに、あいつらは！　なんで！」と気になってしまって、仕事にちっとも集中できなくなるんです。

時折大きな声を上げてあいつらが笑うので、せっかく思いついたアイディアも消えてしまいます。そんなことをしていたら、時間が経ってしまって、店員さんが来て「お客様、そろそろお会計を」と言われて「え？　あいつらはずっと何も注文をしていないのに！　ずるい！」と嫌な気分になって、それが消えなくなってしまうそうです。

▼一般的な対処法

一般的な対応としては「ちょっとでも不快に感じた場所からは逃げましょう！」となります。「せっかくここまで来たんだから！」とか「お金を払ったんだから！」と思って、そこにいても〝不真面目でずるい人〟によって時間が無駄になってしまうのであれば、意味がありません。

「あの人たちは不真面目でずるい！」という感覚を信じて、すぐに逃げれば「あ！時間を無駄にしなくてよかったかも！」となります。さらに、その〝不真面目でずるい人〟に対して「あいつらに時間を無駄にされた！」といつまでもムカついて、その時間を無駄にすることを避けられ、自分のために時間が使えるようになるんです。

▼本書の対処法

　このケースが一番「〝不真面目でずるい人〟はアレルギー物質と一緒！」ということがわかりやすいのかもしれません。〝ずるい人〟が許せないタイプは「不真面目（不格好）」を見たら即座に反応しちゃって不快な気分になってしまいます。自分に直接害を及ぼすわけでなくても「ものすごく嫌！」と拒絶感で反応して、そして許せなくなって、頭の中でぐるぐるしちゃって苦しくなるんです。

　《事象と記憶の統合》（または《ANGPTL4の還元》）と7回ワンセット唱えてみると**「あ！　自分も若い頃、友達とつるんでいたときはあんな感じで傍若無人だったかもしれない」**と思えるんです。

　自分も同じことをやっていたのに、なぜか若い頃の記憶が抜けちゃっていて「ずるい！」と反応しちゃったことに気がつきます。

　そして、唱えていると、気になっていた連中がいつの間にか風景の一部となって私には関係ない存在と化します。そして、私は**「今、ここで！　私がしたいこと！」**に**注目できる**から〝ずるい人〟に時間を搾取されなくて済むようになるんです。

4章

“世渡り上手でずる賢い人”を見ると、嫉妬しちゃう！ときの対処法

おしのけ

チェックリストでBが多かった人へ

●このタイプの特徴＝嫉妬や怒りをコントロールできない

「嫉妬の発作」を起こす遺伝子を持っているタイプです。たとえば夫の浮気に対して、妻はいろんな反応を示しますが、常軌を逸した怒り方をすることがあります。

私の上司が浮気をして、それが奥さんに発覚して「嫉妬の発作」が起きたときは、上司のブランド物のスーツとワイシャツの袖がハサミでぎざぎざに切り取られて、ワイルドな格好を強いられました。そんなスーツで出社した上司を見て「シャレにならないだろ！　あれ！」と怯《おび》えた思い出があります。

同じ会社のほかの上司からは、やっぱり浮気が発覚して「嫉妬の発作」を起こした奥さんからフォークを何本も投げられて背中にフォークが何本か刺さり、フォークが背中に刺さったまま、慌てて裸足で雪が残る公園まで逃げて行った、という話を聞いたことがあります。背中には本当にフォークの跡がくっきりと残っていて「嫉妬の発作って怖い〜！」と思ったのを今でもはっきり覚えています。

嫉妬は発作です。だから自分では発作をコントロールできないし、発作を起こしてしまうと、自分の言動を止めることができなくなってしまうんです。

私も〝世渡り上手でずる賢い部下〟を持ったときに「嫉妬の発作」を起こしちゃって、部下の前で椅子を「が〜ん！」と蹴飛ばしちゃったり、わざと部下にぶつかって突き飛ばしてしまったりしたことがあります。

頭の中では「ひえ〜！　なんてことをやっているんだ！」と考えている冷静な自分もいるのですが、発作を起こしちゃうとやりたくないことをやってしまっていて、それが自分で止められなくなってしまうんです。

そうなんです、**「嫉妬の発作」を起こしてしまうと、普段は「そんなことはやらないだろ！」ということをやってしまいます。**そして怒りがコントロールできなくて「止まらな〜い！」となってしまいます。

一度〝発作〟が治まっても「また襲ってきた！」という具合に、発作の波が押し寄せては引きを繰り返してしまいます。そして、発作が起きるたびに**嫉妬の怒りに取り憑**《つ》**かれて常軌を逸したことをしてしまいそうになる**んです。

この嫉妬の発作を起こしやすいタイプの人は〝世渡り上手でずる賢い人〟を見ると簡単に「ずるい！」と発作を起こし、なかなか治まらなくなって「〝ずるい人〟のことが頭から離れなくて嫌な気分が抜けない！」と苦しめられてしまうんです。

●おすすめの暗示＝《思考の中和》

嫉妬の発作を抑えるために、《思考の中和》という暗示（または遺伝子コード《MAPT》《マップティー》の還元》でもOK）を唱えることをおすすめします。7回でワンセットです。嫉妬という感情は深いもので、一度反応すると「私をバカにしてるから？」「私のことが不満だから？」など、いろんなことを考えてしまいます。

「私という存在は大切である」はずなのに**「軽んじられている」**と感じ、そこに**大きなギャップが生まれる**のです。

《思考の中和》は、そのギャップをフラットにする暗示です。これによって、嫉妬という反応を止めることができます。

●ケース1▼異性の喜ぶ言葉で、相手に期待を持たせる〝ずるい人〟！

ある女性のエピソードです。不倫相手（男性）から「妻とはもうすぐ離婚するから」などと言われて期待してしまっているのだけど、もう何年もその状態が続いているそうで「ずるい！」と思うようになりました。

「奥さんがいるのに、別の女性に色目を使ってくる」という段階で、相手は〝世渡り上手でずる賢い人〟といえます。それに対して嫉妬の発作を起こすのは、嫉妬の遺伝子を持っているから。発作を起こすと「常軌を逸したことをしてしまう」から「あれ？　いつの間にか誘われたら断れなくなっている！」となってしまいます。

その女性は、男性から会話の中で奥さんのことを匂わされて、そして色目を使われて、嫉妬の発作でまるで別人格に変身させられました。普段やらないようなことをやらされちゃうんです。いつの間にか〝ずるい男性〟と付き合っていて、離れられなくなります。

「こんなのおかしい！」と思って別れようとすると、食事中に彼がほかのテーブルに座っている綺麗な女性を見つめていて「ずるい！」と嫉妬の発作が起こり、怒ってしまいます。発作を起こしてしまうと「私、この人のことが好きなのかも！」と離れたくても離れられなくなってしまうんです。

▼一般的な対処法

こんな〝ずるい人〟には「枠組み」をしっかり作って対処しましょう。「〇〇年〇〇月〇〇日〇〇時までに離婚届を持ってこなかったら別れます！」と書面で提示します。相手と話をしてしまったら、けむに巻かれてしまいますから、きちっと書面で。

それができないようでしたら「時間の無駄ですから！」ということで「あなたとはお付き合いはできません！」とそれも書面にしてしまいます。メールではダメで、ちゃんと手書きか印刷をした紙を相手に提示しましょう。時間、場所、そして目的を明確にして書面にすることで〝ずるい人〟に苦しめられることがなくなります。

▼本書の対処法

嫉妬は発作なので「離れようとすればするほど、相手の術中にはまる〜！」となってしまいます。いわゆる〝世渡り上手でずる賢い人〟は、嫉妬の発作を起こしちゃう人にとっては天敵のような存在だから、すぐに捕まってそんな人から離れられなくなって「こんなの私じゃない！」という状態に陥ってしまいます。

お腹を下しちゃう発作を起こしちゃった人のように、一度発作を起こしちゃったら、自分の意志の力でそれをコントロールすることって難しいんです。

そこで〝ずるい人〟を思い浮かべたときや、その人と会う前、会っている最中に《思考の中和》（または《MAPTの還元》）を7回ワンセット、頭の中で唱えてみます。

すると**「あれ？　なんで私って、この人と一緒にいるんだろう？」と現実が見えてきます。**発作を起こして「この人魅力的〜！」と幻想を見ていたのが徐々に醒《さ》めていき**「こんな人と一緒にいても時間の無駄！」**となるから面白いんです。

《思考の中和》を唱えていると「あれ？〝ずるい人〟に引っかからなくなった！」となります。男性が色目を使ってきても、思わせぶりな話し方をして近寄ってきても、スルーできちゃうんです。意識しないでも、ちっとも興味がわかなくなり、そのうちに相手も近寄ってこなくなります。そう！《思考の中和》と唱えていると、**だんだん〝ずるい人〟が近寄ってこなくなる**んです。

●ケース2▼いわゆる女性の武器を使って異性を誘惑する〝ずるい人〟！

またある女性の話。飲み会の席などで、上目遣いやボディタッチなど、いわゆる女性の武器を使って男性からチヤホヤされたがる〝ずるい同性〟のことが気になるそうです。男性の近くに寄って行って「あら〜！」と笑いながら、いつの間にか男性の膝に手を置いていて、注目を自分に集める〝ずるい女性〟を見ると「なんか、やってられないよね！」とふてくされた気分になって、素直に笑えなくなります。

せっかく出会いのチャンスなのに、**顔が嫉妬の発作で能面《のうめん》のようになり、ものすごくブッサイクになっているの**がわかるのに、それが「ずるい！　あいつのせいで」と止められなくなるんです。そしてムッとしてブッサイク顔になって、いつの間にかあの子の引き立て役にさせられて、いい男だけごっそり持って行かれてしまい「ずるい！」とますますブッサイク顔になってしまうんです。

▼一般的な対処法

〝世渡り上手でずる賢い人〟に損な役回りをさせられて、本来の目的とは違うことをやらされちゃうから〝もっとずるい人〟を演じて「嫉妬」を封印しちゃって、ついでに相手の「ずるい！」も封印してしまいます。

つまり、男性に「この子ってめちゃくちゃ女の子らしい仕草が可愛いよね！」とずるい女子のことをほめちゃいます。その子に向かって直接ほめちゃうと、嫉妬を起こさせられちゃって嫌味っぽくなってしまうのですが、男性に「あの子、可愛いよね！」と伝えることで嫉妬の発作は回避できて、言っているうちに「本当にあの子は可愛いのかも」と思えるようになってくるから面白いんです。

そうやって相手のことを認めてあげることができると、優しい表情になって、男性から「あなたも可愛いですけど！」と言われて「ひゃ〜！」となります。「優しい顔になれば男性受けするんだ！」とちょっと感動する瞬間。〝ずるい女子〟をほめるのが癖になるんです。

▼本書の対処法

「ずるい！」と思わされて嫉妬の発作を起こしてしまうと「したくないことをしちゃう」から、ふてくされた態度と表情になって、男性が寄り付かなくなります。本来は「男性とお付き合いできたら」と思って飲み会に参加しているのに、お付き合いするどころか遠ざけてしまう、という結果になるのが「発作」のなせる業《わざ》なんです。そして、発作が起きちゃったら、自分の意思ではどうやってもコントロールできなくなってしまうんです。

そこで《思考の中和》（または《ＭＡＰＴの還元》）を7回ワンセット唱えてみると

「あれ？　男性に笑顔で話しかけることができる！」と不思議な感覚になります。自然とグループに入って「何を話したらいいのだろう？」なんて考えずに話ができちゃっています。そして、会話を楽しめるんです。「あ！　この男性はいいな〜！」と思ったら、相手もちゃんと好意を持ってくれていて、というこれまでになかった展開。

これまで「あの子みたいに会話ができない！」とか「人が集まっている場に入っていくのがちょっと苦手！」と思っていたのは「みんな嫉妬の発作のせいだったの！」とショックを受けます。だって、発作がなくなったら、**自然と話ができて、グループの中でも打ち解けることができちゃう**んですから。「自分自身の話し方や緊張、容姿の問題じゃなかったんだ！」とちょっとビックリするんです。

●ケース3▼泣けばなんでも許されると思っている〝ずるい子〟！

またある男性の話です。部下に仕事でちょっとやり方を変えて欲しいから「このやり方でやってくれる？」と伝えると、「でも！」とか「だって！」と人の意見をまったく聞いている様子がありません。ちょっとイラッとして「だから！」と言うと、突然涙を流し始めて「そんな言い方をしなくたって」と言いはじめます。

「だから、あなたがちゃんと人の話を聞こうとしないからでしょ！」と怒りを押し殺して伝えても「なんでも私が悪いんですか〜！」と泣きはじめて「こいつ！　本当にずるい！」と怒りでわなわなと震えてしまうんです。

そんな状況をほかのメンバーが見ていて「あ！　いじめている！」と思われている、と不快な気分になります。「だから、注意しているんだって！」と反論したいのですが〝ずるい子〟が〝パワハラを受けているかわいそうな子〟になって、その男性は〝酷い上司〟にされちゃって、せっかくみんなをまとめてチームワークをよくして仕事の効率を上げようと思っているのに、**誰も信用できなくなってしまう**んです。

▼一般的な対処法

「この方法でやってくれないかな？」なんていう腫《は》れ物を扱うような言い回しになると〝ずるい子〟に付け入る隙を与えてしまいます。

〝ずるい子〟は弱者を演じて、周りから助けてもらうことを目的にしています。

それをさせないために何かを伝えるときは「〇〇の方法でやってください！」と業務連絡的に、明確にこちらの要求をストレートに伝えるようにします。「でも！」「だって！」と言われても「〇〇の方法でやってください」とストレートに伝えます。

そうすることで、隙を与えることなく「なんであの子だけあんな腫れ物を触るような扱いなんだ？」とチームワークを乱すような嫉妬を引き起こさなくなり、仕事やグループワークがスムーズに進むようになります。

▼本書の対処法

〝世渡り上手でずる賢い子〟は、嫉妬の発作を起こさせる方法を知っています。

本当はできるはずなのに「できない！」を演じれば、簡単にこちらが嫉妬の発作を起こして、普段言わないような酷いことまで言ってしまって「パワハラだ！」状態にさせられちゃう。相手は〝かわいそうな子〟の位置をちゃんと獲得して、ストレスのない楽な職場環境、グループ環境を確保しちゃうんです。

発作を起こさせられたら、こちらが悪者にされて、周囲からの攻撃対象になって「自分が本来求めていたチームワークと違う！」という状態になってしまいます。みんながどんどん〝ずるい子〟に汚染されていって「どんどんクオリティーが落ちていく〜！」となってしまうから、そこにいるのが嫌になって「やめたくなる！」というところまで追い詰められてしまいます。

そこで〝すぐに泣いて、ずるい子〟がいたら《思考の中和》（または《MAPTの還元》）を唱えます。気になりかけたら唱える、を繰り返していると**「あ！　いつの間にか仕事ができる人だけと会話をするようになっていた！」**となります。

「仕事ができない人をちゃんとできるようにしなければ！」というのがいつの間にかなくなっていて「仕事ができる人だけで会話をしていたほうが楽！」となるんです。

そして、そんな風にしていたら、チームのみんなの足並みが揃っていって、自然と〝ずるい子〟の居場所がなくなります。

それでも《思考の中和》を唱えていたら「仕事ができない子がチームの中にいたほうがチームがまとまっていいかもしれない！」と思えるようになるから面白いんです。

5章

“自分勝手で、非常識な人”を見ると、不快！なときの対処法

チェックリストでCが多かった人へ

●このタイプの特徴＝基本的信頼感が足りていない

このタイプの人は、**「自分以外の人は、基本的に、ずるくて身勝手でそして非常識だ」**と思っています。だから、人に接触するのがものすごく苦手で「人ってずるくて卑怯《ひきょう》だから怖い！」と思っています。

外に出て、そんな人を見てしまうと「ほら、やっぱり！　人ってみんなずるいし汚い！」となって、ますます「人に接触するのが怖い！」となってしまうんです。

母親が妊娠中や出産時に、父親が浮気をしちゃったり、姑からいじめられちゃったりして「愛情を持って子供を抱きしめる」なんて余裕がなくなってしまったとします。

そうすると、子供は「母親から優しく抱きしめてもらうために〝いい子〟にならなければ」と察するようになります（とくに0～3歳の間の経験が影響）。

手のかからない〝いい子〟を演じて「母親から抱きしめて愛してもらう」ということを求めるんです。でも〝いい子〟を演じれば、父親や姑からは大切にされますが、母親は子供に嫉妬して「面白くない！」となって、その子を大切にしません。

すると、その子は「自分が〝いい子〟にしていないから大切にされない」ともっと〝いい子〟を演じようとして、さらに母親から愛されない、というような体験をしてきています。だから、自分は常識を守って、人の気持ちを考えて〝いい子〟にしているのに「ずるい！」と、そうしない人に反応しちゃうんです。

まさに、1章で書いた私自身の幼少期そのものです。

●おすすめの暗示＝《成長の豊かさ》

基本的信頼感を養うために**《成長の豊かさ》**という暗示（または**《OXT《オーエックスティー》の還元》**でもOK）を唱えることをおすすめします。7回でワンセットです。

「ＯＸＴ」とは、信頼関係や愛情、そして幸福感に関わるホルモン「オキシトシン」に関連した遺伝子です。子供の頃に愛されなかった人は〝ずるい人〟のことを自分と同じ人間であると認識することが難しく、まるで道端にいる犬や猫かのように見下してしまう傾向があるのです。そんなとき、暗示を唱えることで、愛情ホルモンにアプローチしていくことができます。

●ケース1▼陰口を言って相手を貶《おとし》める〝ずるい人〟！

ある女性は、職場で「ほかの人と違って、人の悪口は言わない」と心がけて、仕事ができない部下に対しても「いつも人の気持ちを考えて優しく接している」つもりでいるのですが、自分がいないところで部下が「あの人、ものすごくムカつかない⁉」と噂しているのを聞いてしまいます。

「まあ、ほかの人のことかもしれない」と思っていたら、ある人から「あなたの悪口がSNSに書いてあったわよ！」と言われてショックを受けます。ちらっと見てみたら「○○さんは自分勝手で、職場で部下に対してパワハラまがいなことをしている」と書いてあって、血の気が引いて気持ち悪くなってしまいます。

「あんなに親身になって相談に乗ってあげたのに！」

自分のしたことがすべて悪意にとられ、部下に話したことがすべて捻じ曲げられて書いてあって「あの人って酷いんじゃない⁉」と周りから変な目で見られるようになったそうです。恩をあだで返されるどころか、貶《おとし》められてしまったんです。

▼一般的な対処法

相手から「嫌われないように」と思って、優しく接してしまうと「オリャ〜！」という具合に陰で攻撃されてしまいます。だから、優しくするのをやめて、本人が望んでいる通りに厳しくしてあげちゃいます。

「仕事は仕事」という線引きをきちっとして、仕事の付き合いだけにして「しっかりと給料分だけ働いてちょうだい！」という具合に仕事を与え続けます。

そして、できて当たり前、できなかったら、成果を上げるまできちんとやらせる、ということを繰り返して「ずるい！」ということをやらせる隙を与えなくしてしまいます。ちょっとでも優しい顔をしたり、例外を認めてしまう、というのが〝隙〟になります。そこをついてきて、攻撃して「立場を逆転しちゃいましょ！」とするのがこの〝ずるい人〟ですから。その隙を与えなければ、しっかりとした上下関係が築けます。部下がずる賢く下剋上を仕掛けてくるなんてことは、できなくなるんです。

▼本書の対処法

陰口を聞いてしまったり、SNSでの悪評で「貶《おとし》められている！」と思ったら《成長の豊かさ》（または《OXTの還元》）を7回ワンセット、頭の中で唱えます。

唱えてみると「**あ！　私って、あの部下のことを〝ブッサイクでかわいそう〟と思って接していたんだ！**」と気づきます。容姿がちょっと人と違って、かわいそうな思いをしているから、と憐《あわれ》んで優しくしていたことが、相手に伝わっていたのかも？　と思ったらドキドキしてきます。そこでもう一度《成長の豊かさ》を唱えると「あの人も私と同じ人間なんだから、気を遣う必要がないんだ！」と思えてきます。

そのうち、相手もこそこそ陰で喋《しゃべ》ったりしないで、堂々と文句を言ってくるようになります。そんなときに「あんた、ブッサイクなくせに、よくそんな図々しいことが言えるよね！」と、これまで声に出したことがないことまで言えてしまいます。

それを受けた〝ずるい人〟は「酷い！　そんなブッサイクなんて言うなんて！　○○さんだって老け顔じゃないですか！」と返しながらちょっとうれしそう。**不思議な信頼感が生まれて、**いつの間にかＳＮＳから悪口が消えていったんです。

●ケース2▼助けてもらったのに感謝せず平然としている〝ずるい人〟！

ある女性が、子供の習い事について行ったときのこと。

食事の時間に一人だけお母さんの付添がない子がいて、「あ！　あの子、お弁当がない！」と、かわいそうに思って、自分の食べる分を分けてあげたそうです。

しばらくして、その子のお母さんがやってきました。その子はお母さんから「お弁当はどうしたの？」と聞かれると、女性のほうを指さして何か言っています。「お礼にでも来るのかな？」と思っていたら、なんと、お母さんはこちらのことを見もしないで子供の手を引いて帰ってしまったんです。「え？」と、ものすごく不快な気分になるのですが「まあ、あの子がちゃんと説明しなかったのかな？」と自分を納得させます。「あの子はガッツリ私の弁当を食べたのに」と思いながらも……。

そして翌週の同じ時間。やっぱりあのお母さんはいません。その子は当たり前のようにこちらに近寄ってきて、お弁当がほしそうな顔をします。しょうがないから、コンビニでおにぎりと飲み物を買ってきて、その子にあげました。

しばらくすると、やっぱりその母親はお弁当を持ってこないで会場に来たんです。そして、おにぎりの包みを見て「あ！　今回は買ってもらっちゃったんだ！」と言ったのがはっきり聞こえてきます。そして、女性に向かってあいさつもせずに「あの？いくらでした？」と、いきなり。「あんたね～！」と説教をしてやりたくなったけど、あきれかえって何も言えなくなったとか。「私が遅くなったときは、またよろしく

〜！」と言われて「キー！」となります。

「なんで私が！」とムカついて、いつまでも頭から離れなくなってしまったそうです。

▼一般的な対処法

役割を自分の中で明確にすることで〝ずるい人〟に巻き込まれなくなります。

そこでの自分の役割は、我が子の保護者であり、ほかの子供の管理をする立場ではない、と自分の中で真面目に明確にします。役割を越えたことをやってしまうと、自分のわきに隙ができて、そこから〝ずるい人〟が侵入してきてしまうのです。

だから「この場で〝弁当がなくて困っている子〟の相談に乗る役目を担っている人は誰？」と考えてみます。「あ！　この教室の主宰者である先生にまかせちゃえばいいんだ！」となります。先生に「あの子が困っている様子なんです」と指をさすだけで、私の役割を越えることなく〝ずるい人〟にも関わらずに済むんです。

自分の役割を越えて何かをしてしまうと、そこに〝ずるい人〟は付け込んでくるので、それを避けるだけで、苦しめられることがなくなります。

▼本書の対処法

「あの人ずるい！」とイラッときたら《成長の豊かさ》（または《OXTの還元》）を7回ワンセット、頭の中で唱えます。

すると「弁当がなくてかわいそう！」と思わなくなります。また、唱えているうちに、腹を空かせた子供が近寄ってきても「ちゃんとお母さんを待っていようね！」と笑顔で伝えることができ、**気にしないで自分の弁当を堪能**することができます。

「自分勝手で、非常識！」と思っていた人に対しても「たくましい人なんだ！」と自然に思えてくるから面白くなります。こうやって、みんなが食べている所で放置されたら、この子も将来たくましくなって、楽しみな子に成長するんだな、と**ちょっとうらやましくなる自分がそこにいる**んです。

さらに、《成長の豊かさ》を唱えていたら、自分が「かわいそう」と思っていたのは、**相手が自分と同じ〝人間〟である、と思えていなかったから**、ということに気が付きます。お腹を空かせた犬や猫を見て「かわいそう」となるあの感覚だったんです。

「私と同じ人間」と思えるようになれば「あの家には、あの家のルールがある」とちゃんと相手を尊重できるようになります。だから「ちゃんと、しつけてあげなきゃ！」というような、犬を見るかのような目で親子を見なくなったんです。

●ケース3▼ラブラブカップルを妬《ねた》んで親友の彼氏を奪う"ずるい人"！

またある女性の悩みです。親友から「好きな人がいるんだけど、誰か男性に相談に乗ってほしい」と言われ「恋愛がうまくいくまで相談に乗ってくれるかな？」ということで彼氏を貸しました。

すると、彼氏の様子が変になってきます。以前はラブラブだったのに、なんだかよそよそしくなって、なぜか彼女に向かって「お前、俺のことあんまり好きじゃないんだろ！」という態度をとります。それから頻繁に喧嘩をするようになって「あんたとは一緒にやっていけない！」と自分から別れ話を切り出してしまいました。

そして、しばらくすると、あの親友が元彼と手をつないでいちゃいちゃと歩いているのを見てしまいました。

そのとき、すべてが自分の中でつながります。親友に対して彼氏の愚痴を言っていたことを思い出して**「あいつめ～！　ずるい！」**となります。**私が愚痴ったことを彼に伝えたから、彼の態度が変になったんだな～！**

「好きな人の相談！」というテイで私の元彼に近づいてきたけど、〝好きな人〟ってはじめから元彼のことだったんだ、とわかってしまって「あの子って自分勝手で、非常識な奴！」と怒りに満ち満ちて、どうしようもなくなったそうです。あまりのことで人が信じられなくなって頭がおかしくなってしまいそう、ということでした。

▼一般的な対処法

この「彼氏を奪われる」という事件をきっかけに〝ずるい親友〟との関係をもう一度、過去からちゃんと振り返ってみます。

これまで「自分がこの子の面倒を見なければ」と思って親切にしてきたけど、陰で友達に悪口を流されていたり、平気で私のものを持って行ったり、と彼女からされてきたことが次から次へと浮かんできます。

そのたびに「もうたくさん！」と思うのですが「でも、見捨てたらかわいそう！」という想いが出てきたから、これまで関係を断ち切ることができませんでした。この「かわいそう！」と思うのを、これをきっかけにやめてしまいます。

きっぱりと関係を切って「ずるい！」と怒らされることから解放される決心をします。「私はもうあの人には関わらないでいいんだ！」と思ったときに、これまで与えられてきた数々の不快感を断ち切ることができて、彼女からの不快感の足かせが外れたような感覚になって自由にのびのびと生きていけるようになるんです。

▼本書の対処法

「これまで面倒を見てやって、親切にしたのに裏切られた～！　悔しい～！」と親友に対して怒りが湧《わ》いてきたら《成長の豊かさ》（または《OXTの還元》）を7回ワンセット、頭の中で唱えます。

すると**「あれ？　もうあの子と関わるのは面倒くさいかも！」**と思えてきます。

「そんな奴らのことを考えている時間があるのだったら、自分のために使おう！」って自然に思えてくるんです。

また、元彼が自分を裏切ったことに対して怒りが湧いてきたときも《成長の豊かさ》を唱えます。すると「自分はあの人のことを、好きというよりもペットを大切にするような感じでいたんだな」ということに気がつきます。だから、友達に「うまく彼氏のしつけができない！」って愚痴っていたんです。

お互い対等な関係じゃなくて、私が彼氏の面倒を見ている感じになっていた。「だから、いつも窮屈だったのかもしれないな」と思う。そしたら「あ！　私は自分よりも立場が低い人としか、これまで付き合ってこれなかったんだ！」ということに気がつきます。だからダメ男ばかりと付き合ってきて、これまで苦労していたんだ、と。

《成長の豊かさ》を唱えているうちに「もう自分よりも立場が低い人は付き合えないかも！」と思えて楽しくなっていきます。

そして親友に対しても「あ！　もしかして、私に合っていなかったから、あいつ（彼）が人柱になって廃品回収をしてくれたのかも！」と思えるから面白くなってくるんです。

6章

“なんだか運のいい人”を見ると、理不尽！なときの対処法

チェックリストでDが多かった人へ

●このタイプの特徴＝他力本願で、周りをうらやみがち

このタイプの人は、他人からの後押しがないと物事を決められないし、誰かが一緒にいてくれないと責任を負うことができません。そして、人から批判されるのが怖いから、人に自ら意見をすることができないんです。

人間は、3歳から6歳までの間に「よくやったね！」と母親からほめてもらうことで**「自分でなんとかしなきゃ！」という〝独立達成欲求〟**を獲得します。

でも、この時期に母親が父親や姑との関係がうまくいっていないと「子供をほめてあげる余裕がない！」となってしまいます。母親からほめてもらえなくて〝独立達成欲求〟を獲得できない子供は〝他力本願〟になってしまい「いいな〜！　あの人！」

と他人をうらやむようになります。そして、成長してから〝運がいい人〟や〝恵まれている人〟を見ると「ずるい！　理不尽！」と思うようになってしまうんです。

●おすすめの暗示＝《カラシ種の力》

この世界は「得るもの」と「取り去られるもの」の両方が存在していて、すべて「プラスマイナスゼロ」で均衡が保たれています。

でも、他力本願の人は、そのことを理解できていません。プラスがどこか一箇所に集中して、そして、自分がマイナスを請け負っているような感覚になっていて、周りの人から奪われているような感覚になっているんです。

そこで**《カラシ種《だね》の力《ちから》》**という暗示（または遺伝子コード**《CACNA1A《カクナワンエー》の還元》**でもOK）を唱えることをおすすめします。7回でワンセットです。

カラシ種は「どこにでもありふれている、小さなもの」の喩《たと》えです。

こんな逸話があります。幼い子供を亡くして悲しみに暮れる女性が、ブッダのところにやってきた。ブッダは「誰も死者を出したことのない家庭から、カラシ種をもらってきなさい。そうすれば、子供を生き返らせることができる」と伝えた。女性は懸命に探し回ったが、そんな家庭は一軒もなかった。そして「死に直面しているのは自分だけじゃない。みんな同じなんだ」ということに気がついたんです。

《カラシ種の力》を唱えてみると、自分の感覚が幻想であると感じられ、すべて「プラスマイナスゼロ」で出来ているから「ずるい！」が存在しない、ということをわかりはじめます。

●ケース1▼初めて買った宝くじがたまたま当選した〝ずるい人〟！

ある男性の悩みです。「宝くじで3億円当たったらな〜！　仕事を辞めて、家を買って、車を買って、海外旅行に行き放題だ〜！」なんてことを想像しながら、毎回宝くじを購入するのですが、当選結果を見ると、やっぱり当たっていない！

「神は私を見捨てたのか！」と絶望的な気分になってしまいました。

それなのに、普段は宝くじなんて興味がないという同僚が、「たまたま購入したら、2等が当選した！」と言っていて「ずるい！　いつもは買っていないのに！」と、ものすごく嫌な気持ちになって、同僚の顔を見るのも億劫《おっくう》になってしまったそうです。

▼一般的な対処法

当選した相手に「自分はどんなに毎回買っても一度も当たらなかったのに、あなたはたまたま買っただけで当選してずるい！」と正直に自分の怒りの気持ちを相手にぶつけてみましょう！

相手のことを〝運がいい人〟〝恵まれている人〟と思っていたけど、それは自分の思い込みであって「相手も自分と同じ！」ということが、怒りを吐き出すことで見えてきます。そして「ずるい！」という反応は間違っていた、と見えてくるんです。

▼本書の対処法

「なんであいつが当たるんだ！　ずるい！」と思ったら《カラシ種の力》（または《CACNA1Aの還元》）を7回ワンセット、頭の中で唱えてみます。

すると「あ！　宝くじが当たっても、なんにも意味がないんだ！」ということが見えてきます。すべてはプラスマイナスゼロで出来ている。だから「ずるい！」なんて存在しない。そう思えて、怒りがスーッと体内から去っていき、そして、同僚に対しても普通に接することができます。

しかも、《カラシ種の力》を唱えていたら「あれ！　いつの間にか宝くじを買うのをやめてた！」となり、びっくり。いつの間にか、「もし当たったら」なんて妄想に耽《ふけ》るのをやめて、今の生活を楽しめるようになっていくんです。

●ケース2▼人気店にたまたま入店できて自慢する〝ずるい人〟！

ある女性の話です。「あ！　あそこのレストラン素敵！」と思って入ろうとしたら

「今日は予約のお客様でいっぱいで」と言われてショックを受けます。

「今度は、予約をしていこう！」と思って電話をしたら「この日は、貸切のお客様が」と言われて「え〜！」となります。まあ、タイミングが合ったら行こう、と思って何度か店の前を通るたびに「今日は空いてます？」と聞いてみるのですが、「大変申し訳ありません、予約のお客様が」とまたまた言われて凹みます。

あるとき、レストランの名前で検索をしたら、誰かのSNSで「たまたまキャンセルが出て、すてきなお席に案内してもらいました〜！」と書いてあって「キ〜！」となります。「たまたま通りかかって、恐る恐る聞いてみたら」と書いてあって「ずるい！　理不尽！」となって、ものすごく嫌な気分になってしまったのでした。

▼一般的な対処法

もし「何度も挑戦して入れない人もいるんだから！　そんなことSNSで書くなんて！　ずるい！」と怒ってしまったら「あれ？　自分は〝ラッキー！〟とか〝棚からぼたもちだ！〟と思ったことって、なかったかな？」と過去を振り返ってみましょう。

あ！　そういえば、期間限定商品を買うために並んでいたら「ここから後ろの方は、もう商品がありません！」と、ちょうど私の後ろで切られちゃって「ラッキ〜！」と喜んだことがあったっけ！　なんてことを思い出します。

たまたま立ち寄ったレストランで「ちょうど予約のキャンセルが出たので、窓際の席がご案内できます！」といったこともあったじゃない！　それを友達に自慢したりして！　……などと思い出したら「私も同じようなことをやってた！」と気づきます。

過去の「ラッキー！」を振り返ってみると「〝ずるい人〟なんていなくて、みんな同じか！」と思えてくるんです。

▼本書の対処法

自分が入れなかったレストランの記事をSNSで見て「ずるい！」となったら、《カラシ種の力》（または《CACNA1Aの還元》）を7回ワンセット、頭の中で唱えてみます。

するとその記事を書いている人が、いつもは苦労してレストランに入っていたことに気がつきます。何ヶ月も前から予約をしていたり、何時間も前から並んでレストランに入ったり、と普段は苦労している記事が書いてあったのを思い出すんです。

ところが、自分は「何日も前から予約するのは面倒くさい！」とか「行列に並ぶのは絶対嫌だ！」と、努力をしてまで美味しいものを食べたい！　と思ったことがなかった。**「自分は一期一会を大切にしていたんだよな！」**と思い出して、**あんなに「ずるい！」と思っていた自分が可愛く思えてくる**んです。

そして《カラシ種の力》を唱えているうちに「ちょっと前から、あのレストランを予約してみようかな！」と思えるから不思議なんです。

●ケース3▼「美人だから」「若いから」優遇される“ずるい人”！

ある女性の話です。職場の近くにお気に入りのレストランがあり、毎日通い詰めていたので常連さん扱いになっているつもりでした。それなのに、今日初めて来たばかりの綺麗な女性に対してのサービスが、自分のときとはまったく違ったんです。

店員さんは、女性と親しげに喋《しゃべ》っていて、そして、デザートのサービスまで。あんなサービス受けたことがな～い！　若くて美人だからってずる～い！　と、そのレストランに行くのが嫌になってしまったそうです。

▼一般的な対処法

「自分がもしあの人のように綺麗だったら」ということを想像して、あのレストランでの場面を再現してみましょう。「綺麗だから優遇される」を頭の中で体験してみるんです。そして、そこで〝優越感〟や〝得した気分〟が感じられるのか確かめてみます。すると「外見しか見られていない不快感」を感じたりするんです。

「外見だけで判断されてもちっとも嬉しくない！」という感覚を感じとったときに、自分も過去にそんな体験をしてきたことを思い出します。そして、それが不快だから、捨ててきたことに気がついたりするんです。

そうなんです、「タダより怖いものはない」ってことを体験しているから、それを捨ててきたって思い出したりするんです。

▼本書の対処法

「あの人美人だからってずるい！」と思ったら《カラシ種の力》（または《CACNA1Aの還元》）を7回ワンセット、頭の中で唱えてみます。

すると、**険《けん》がある自分の表情がみるみる緩んでいく**のがわかります。そして、優しい笑顔になって、あの女性のように店員さんに微笑みかけているではないですか。

いつもは距離感があった店員さんが今日はちゃんと近づいてきて、にこやかに話をしてくれるようになります。《カラシ種の力》を唱えたら、**沈黙が怖くなくなり、店員さんともたわいない話を続けられる**んです。

すると、店員さんが「今日はサービスで」と特別にデザートを持ってきてくれて、やった〜！

もしかして、いつも「ずるい！」と怒ってばかりいたから、近づきにくかったのかな？　と不安になったのですが、そんなときも《カラシ種の力》を唱えてみると「まあいいか！」と思えるから不思議。

そのうちに、店員さんとうまい距離が取れるようになりました。

Column 私が「唱える」ことに興味を持ったキッカケ ②

興味深いことに、遺伝子やホルモンの知識がない人でも、唱えただけで変化が起こります（ただし、特徴的な遺伝子は人によって異なるうえ、その人の症状に的確にフィットするものでなければ、唱えても効果が得られません）。2・3章に出てきた《ANGPTL4 の還元》なんて「もしかして、世に広まったらカウンセリングの仕事が将来、激減するかも？」と不安になるぐらい面白い暗示なんです。

科学が進んだ今、遺伝子の解明がどんどん進んでいます。それでも「暗示を唱えるだけで変わるはずがない！」と思う人もいらっしゃるかもしれません。けれど、宗教を熱心にやっていたり“唱える”意義を感じている人は、毎日決まった時間に同じ文言を唱えています。信じている人たちにとっては、一定の効果があるんです。

夫婦が長年仲良く暮らしていると、お互いの顔が似てくることがあります。師匠を尊敬して真似し続けるうちに、不器用だった弟子が素晴らしい作品を作り出すこともあります。それって、何か遺伝子レベルで変化しているのではないか？

連れ添ったり真似したりするだけで変化があるのだとしたら、遺伝子ってそんなに難しいものじゃないのかも？　と考えます。

特徴的な遺伝子のスイッチがオンになった例で一番わかりやすいのは、親から虐待された人が自分の子供を虐待してしまう現象です。親を嫌悪すればするほど、スイッチが入り、悪循環が止まらなくなる。そんなときに暗示を唱えてオフにしていくと、本来の美しい自分の姿に戻っていきます。本当に求めていた「一体感」がそこにあるんです。

7章

“ずるい人”を見つけてしまいやすい人の共通点

気にするからこそ〝ずるい人〟に引っかかる

●「知識が人を不幸にする」という考え方

これまで書いてきたように、周りにいる人に「ずるい！」と反応するのは、花粉症が起こる仕組みと似たところがあります。

昔は花粉症の人なんて、そんなにたくさんいませんでした。マスクをつけている人のほうがまれで「へ～！　花粉症なんだ！」と珍しがられました。

でも近年は、テレビで「花粉症の季節です！」と黄色いスギ花粉が「ワッサ～！」と風が揺れるたびに霧のようにまき散らされているシーンを見せられて「あれを私は吸っているんだ！」と思ったら、鼻がむずがゆくなってきます。

そして、ニュースなんかで「今日の○○地方の花粉注意指数は真っ赤です！」と言われたりすると「ヒエ～！」と外に出るのが怖くなって、そして、出た瞬間に目がかゆくなって肌までヒリヒリするようになったりするんです。

そして、外を見てみると、マスクをつけている人ばかり。昔はあんなにマイナーだった花粉症が、今ではメジャーになってしまいました。

私はあるときから「ニュースでチェックするのは、やめよう！」と決めました。だって、注意報を見て気にすればするほど、花粉と戦わなければいけなくなるから。「あれ？　鼻の調子がちょっとおかしい！」と気になりかけたら、2章に登場する、あの民家で見つけた遺伝子コード《ＣＤ79Ａの還元》を唱えちゃう。すると、いつの間にか症状が気にならなくなります。

私がやっている花粉症対策といえば、今はそれだけ。**「花粉を避けなければ！」と注意報を見ることをやめたら、あまり気にならなくなった**んです。

〝ずるい人〟って本当に花粉症のようで、ワイドショーの特集で「あの人って〝ずるい人〟！」とたくさん紹介されているると、電車に乗っているだけで「あ！〝ずるい人〟だ！」と割り込み乗車や駆け込み乗車、ドアの目の前から動かない人、混んでいるのに大股開きで座る人など、すぐ目に入ってきてしまいます。

そして、一度気にしちゃうと、次から次へと気になってしまう。花粉症では「鼻水が止まらない！」と苦しみ、〝ずるい人〟の場合は「怒りが止まらない！」と苦しむ。仕事にも遊びにも集中できなくなって、自分の人生を生きられなくなるのです。

花粉症がテレビで扱われるのは季節限定ですが、〝ずるい人〟の場合は季節を問わず、テレビのニュースなどでしょっちゅう手を変え品を変え、ちょっとしたマナー違反から「日本からの援助金を受け取ったのに、批判をやめようとしない某国はずるい！」というのまで、いろんなタイプが登場します。

そのたびに「この人、ずるい！」と反応させられちゃうから、鼻水ならぬ怒りが止まらなくなって、目の前のことに集中できなくなるんです。

要するに「〝ずるい人〟がいる！」とテレビやインターネットで知らされることで、ますます「ずるい！」と反応しちゃって、外で見かけたらほかの〝ずるい人〟に怒ってしまって、その怒りに取り憑《つ》かれて自由に生きられなくなります。

本書を企画した編集者のIさんなんて、この企画のために〝ずるい人〟をあえて探そうとしたら「ここにも、そこにもいる！」「みんなずるい！」と、毎日モヤモヤが止まらなかったそうですから。

●テレビで〝ずるい人〟特集が組まれる理由

逆に考えると、あえてニュースなどを見なければ〝ずるい人〟には反応しないのかもしれません。つまり、知識が人を不幸にしているのです。

「社会人として、ちゃんと今日のニュースぐらい知っておかなければ、どうよ？」と思って毎朝毎晩**ニュースをチェックして知識を入れれば入れるほど、外に出て「ずるい！」と反応しちゃって症状が止まらなくなってしまう**んです。

15年くらい前、〝多重人格〟に関連する本がたくさん出ていたときに、テレビで連日、「〝多重人格〟とは！」と特集が組まれて報道されていました。

すると、私の勤務するクリニックにものすごい数の〝多重人格〟の方が増えてしまいました。それまでは「多重人格の症例なんて、治療者が一生のうちに一症例、出会えるかどうか」というぐらいの確率だったのに、毎日、毎日そんな患者さんが訪れるようになります。実際に、目の前で「あ！　人格が変わった！」ってなるから「お～！」となりました。でも、メディアで取り上げられなくなったら「あれ？　だんだん〝多重人格〟の方を見なくなった！」となります。そして、ぴたりと、その症状の方と出会うことがなくなったんです。

〝多重人格〟の場合は、メディアが飽きてしまって取り上げなくなったのですが〝ずるい人〟の場合は常にいろんな形で報道されて、新聞やテレビを通じて私たちの知識として入ってくるわけですから「ずるい！」と反応させられ続けてしまいます。

もちろん、メディアは意図的に「花粉を報道して、花粉症の症状をどんどん増やして、視聴者を増やそう！」としているわけではありません。報道すれば、花粉症に困っている人が見る。視聴率が上がり「お！　もっと報道すれば！」となる。花粉症の人が増えて「新商品の花粉用マスク！」とか「花粉症にはこの薬！」というスポンサーが増える。そうやってメディアは「お〜！　うまくいっている〜！」となる。

●「ずるい！」の反応は、特別なことではありません

そう考えると、メディアが〝ずるい人〟特集を組みたがるのは、それだけ〝ずるい人〟に反応しちゃう人がたくさんいるから、と考えられます。「ずるい！」と反応しちゃうのは特別なことじゃなくて**「仲間がたくさんいる！」という状態**なんです。

ちょっとしたずるいことに反応して苦しみを体験しているような人がたくさんいるから、メディアは〝ずるい人〟を取り上げ、それで視聴率を稼いでいます。だから、**ちっとも特別なことじゃなくて、むしろ流行に乗っている**、とも言えますね。

「自分が気にしすぎだから！」とか「器がちっちゃいから？」とか「頭がおかしいのかな？」なんてことはなくて、**現代には同じように反応している人がたくさんいると**いうことなんです。

安心しているときほど〝ずるい人〟に引っかかる

●あなたがリラックスできる場所は、どこですか？

ここまで、さまざまなシチュエーション、さまざまなタイプの〝ずるい人〟を見てきました。私の身近な人に聞いた例でいえば、ある男性は会社の同僚のふるまいを見て「あいつはなんてずるいんだ！」と感じることが多いが、家庭ではあまり感じたことがないそうです。またある女性は、友人との会話の中で「あの子ってずるいよね！」と発することが多いが、勤め先ではあまり感じたことがないそうです。

こうして人によって違いが出るのは**「安心しているときほど発作が起こりやすい」**ためです。花粉症の時期、夜に帰宅してからのほうが、くしゃみや鼻水などの症状が酷くなる人はいませんか？ それと同じことで、自分がリラックスしているときこそ〝ずるい人〟に狙われやすいのです。

たとえばある男性は「なんだか仕事が順調に回るようになってきた！」とこれまでの緊張感から解放されて「この先はちょっと楽ができるのかも？」と思った矢先に「君の出したあの企画、ボツになったから！」と上司から言われて落ち込みます。

そして、しばらくしたら「あれ？　僕が出した企画が上司が提案したことになっている！　ずるい！」と怒りが湧《わ》きます。「なんで？」と上司に理由を聞いてみると「あんな企画書だったら誰も読んでくれないでしょ！　だから僕が変えて提出したから当たり前でしょ！」と言われて「ずるすぎる！」と怒りに満ち満ちてしまいます。

そんな帰り道で、電車で突然後ろからお姉ちゃんに突き飛ばされて、頭をドアで強打したのに「なに！　謝らない！　この人！」と怒りにまみれます。

そして、次の朝に職場でお客さんの態度が急変したと思ったら、ほかの上司が陰で自分の悪口を流していたことが発覚します。「なんで、そんなことするの？」と疑問に思っていたら、そのお客さんが上司の所に流れていったんです。ずるい！

この状態になると**鶏の群れにつつかれている餌《えさ》箱の気持ち**になります。みんなからつつかれて「ずるい！」となりながらも何もできずに、ただ地団駄を踏んでいるだけ。

あんなにうまくいって安心していたのになぜ？　ということになるんです。

この仕組みは意外と簡単だったりします。

〝ずるい人〟は自分よりも格下だと思っていた相手が自分よりもうまくいっていると、嫉妬の発作を起こして「ずるい！」ことを仕掛けてくるのです（4章で出てきた、あの「嫉妬の発作」です）。

「本来は部下を守る立場であるはずの上司が、そんなことをするわけがない！」と思うのですが、発作は動物的な反応ですから意図して起こしているわけではありません。

嫉妬の発作が起きちゃうと、やってはいけない「ずるい！」ことを上司はやってしまいます。発作なので、本人は「悪いことをしている」という自覚が持てません。

そして「なんであんなことをしたの？」と問い詰められると、再び、嫉妬の発作で「ずるい！」ことを言ってしまいます。しかも、その発言も都合よく上司の記憶から消し去られてしまうから、ますます「ずるい！」となるんです。

要するに**私たちがホッと安心していると〝ずるい人〟は「あいつだけうまくやりや**

がって！」と発作を起こしやすくなるのです。それで信じられないようなことを仕掛けてくるから、今度はこちらが「ずるい！」と怒って「一度反応したら止まらない！」状態になってしまうんです。

●立場が上のはずの人から嫉妬されて、「ずるい！」の悪循環

ある女性は、子供たちの学費がかかるから一生懸命に稼がなきゃ！と、一生懸命に働きます。すると、次から次へと新しい仕事が決まって「これで経済的になんとかやっていけるかも！」と安心します。すると、夫が急に、家事の手伝いをしなくなって、何もしないで家でゴロゴロしはじめたのです。

「私にばかり働かせるなんて、ずるい！」

せっかくこれから楽になると思ったのに、と夫がサボる家事をしながら「本当にずるいんだから！」とイライラが止まりません。すると、今度は夫が「自分はもっと楽な仕事をやりたいから転職する！」と言いはじめます。

「あなたの給料が安いから私まで働く羽目になったのに、家事も手伝わないで、そのうえ楽な仕事に変えるなんて！　子供たちの学費のために夫婦でこれから頑張っていかなければいけないのに、すべて私任せで、自分のことばっかり！　ずるい！」

と怒りに満ち満ちてしまいます。すると、本当にやりたいことに集中できなくて、せっかく決まった新しい仕事まで危うくなってきました。

「あいつに足を引っ張られている！」

この場合も、もともとは旦那さんの立場が奥さんよりも上だったはずなのに、奥さんの仕事がうまくいったので、旦那さんが嫉妬の発作を起こして「ずるい！」ことを次から次へとしてしまった例です。

嫉妬の発作で、旦那さんは「面倒くさくなってやる気がなくなった！」となり、当たり前のように家事をさぼって「ずるい！」と奥さんは怒らされてしまうんです。

〝ずるい人〟に怒らされて、旦那さんのことが頭から離れなくなると、集中力も意欲もなくなって「仕事ができなくなった！」と安心した状態から引きずりおろされてしまうんです。だから**〝ずるい人〟って本当に「ずるい！」**んです。

●相手を嫉妬させる私は、すばらしい！

〝ずるい人〟に反応しちゃう人って「ちょっとでも良いことがあったら、必ず後で悪いことが起きる〜！」と安心できなくなります。

喜ばしいことがあっても「何か不安！」となるのは、身近に〝ずるい人〟がいて「相手が嫉妬の発作を起こして、足を引っ張られるかも！」と察するからなんです。

本人はとくに意識していなくても、**これまでの学習で「安心したらやられる！」という予感があり、手放しで安心することができない**んです。

とはいえ、安心したときは〝ずるい人〟から嫉妬されやすい、というとらえ方になるだけで、ちょっと違ってきます。

私自身は、ソファでゆっくりくつろぐことが苦手です。なぜかというと子供の頃、家にあった古ぼけたソファに座って「あ〜、気持ちがいい！」とくつろごうとすると、母親から「何をだらだらしているの！　ちゃんと勉強しなさい！」と怒鳴りつけられていたから。「リラックスしたら怒鳴りつけられる」と学習しているからなんです。

当時は、それが「私は一生懸命に家事をやっているのに、あんたがゆっくりするなんて、ずるい！」という、母の嫉妬の発作だなんて気がつきません。「何をやっているのよ！」と怒鳴りつけられて「ヒエ〜！」となってしまいます。

母親はしょっちゅう「調子が悪い！」と言って寝ていました。「私がゆっくりすると怒鳴るのに、お母さんだけ、ずるい！」と思っていたのですが、そんなことを言ったら引っぱたかれてしまうので、ずっと声に出せずにいたんです。

でも、**なるほど！　あれは嫉妬の発作だったんだ！**　と思ったら、あのことがどうでもよくなります。嫉妬されないようにと怯《おび》えていたからリラックスできなかったんだ、ということがよくわかるようになり、今ではソファでゆったりとくつろぐことができるようになりました。

安心すること、物事がうまくいくことに対しての怖さって「嫉妬される恐れ！」から来ていたんだ、ということが見えてきます。そして「嫉妬はただの発作！」と見たとたん、世界の見え方が全然違ってくるんです。あ！　**相手に嫉妬の発作を起こさせるような、すばらしいものを私は持っているんだ！**　って。

"ずるい人"は、伝染する

●上司が叱ると、部下は余計にミスをする

昔、働いていた職場に、ちゃんと片付けをしない部下がいました。

ある日、私はついに怒ってしまって「この荷物をちゃんと片付けて！　キャビネットのドアを閉めるときは、静かに閉めてね！」と伝えました。

その次の瞬間、部下は「バタン！」と思いっきり音を立ててドアを閉めたんです。

私が注意をした矢先に、です。

私は振り返って「ハア?」となります。「今、注意したばっかりでしょ！」とキレ気味で言うと、すっかり怯《おび》えた顔をした部下が「すみません！」と言いながら、またドアを「バタン！」と閉めたんです。

「上司の言ったことを目の前で無視するなんて、ずるすぎる！」と思ったのですが、怯えている部下を見て「あれ？　もしかして、私の怒りで、部下は発作を起こしちゃっているのかも？」と気づきはじめました。

そんなとき、あるケースのことが浮かびました。

知り合いのお子さんで、ものすごくお母さん思いで優しい子がいたんです。ある日、その子がお母さんを車に乗せて買い物に連れて行くと、目の前でお母さんが「息が苦しい！」とパニックを起こしました。すると、その子は、苦しんで倒れているお母さんに、殴る蹴るの暴行をしてしまったんです。

え〜？　なんで？　あんなにお母さん思いで優しい子なのに！

でも、部下のことと重ねてみると、よくわかります。

あ！　相手の脳の怒りとか恐怖の電気に接触したら「ずるい！」の発作を起こして、やっちゃいけないことをやっちゃうんだ！

そういうのが見えてくるんです。その優しいお子さんは、お母さんの脳の「苦しい！」という恐怖に接触したら「ずるい！」の発作を起こしてやってはいけないことをやってしまって、それを自分でコントロールできなくなってしまった。

部下も同様に「ずるい！」と怒った私の脳の電気に当てられて「ずるい！」の発作を起こして、そしてやってはいけないことを次から次へとやってしまっていた。

こちらが「ずるい！」と反応して怒れば、その怒りに感電して〝ずるい人〟は発作を起こして、さらにずるいことをしちゃう、という循環になってしまうんです。

●浮気する男性は、いろんな女性と浮気する

ある男性が「浮気をした！」ということで夫婦の危機状態になってしまって、夫婦でカウンセリングにやってきました。

奥さんがものすごい怒りで「なんで浮気をしたのよ！」と旦那さんを問い詰めると「浮気なんかしてません！」と子供じみた答え方をします。

奥さんは「ほらこの人、しらばっくれて！」という感じで「あなたのメールのやり取りで女性からはっきり書いてあったじゃない！」と言うと、旦那さんは「そんな人

のメールを見るほうが悪いんじゃん！」とずるい発言をします。「人のメールを見るほうがよっぽど浮気より悪いわ！」とわけのわからないずるいことを言い出すんです。

まあ、夫婦面接で大変なことになったのですが、最終的には「もう、浮気はしません！」となり「夜はちゃんと10時には家に帰ります！」と言って終わりました。

次の夫婦カウンセリングのときは「あ～！　あの夫婦、仲良くなってくるかな？」と楽しみにしていて、ふたを開けてみたら、奥さんが「キ～！　また違う女と浮気をしたんです！　こいつ！」と言われてガクンとなります。

前回、ある程度旦那さんの味方になってあげて丸く収めたはずなのに、旦那さん～！　ちょっと協力してよ～！　と心の中で思っていましたが、旦那さんはまた前回と同じようなふてくされた態度で、ずるい発言を連発します。奥さんは真っ赤な顔をして怒って旦那さんを責めているんです。

旦那さんの言い分では、カウンセリング後も奥さんから過去の浮気のことを持ち出されて責められて、嫌になってしまった、ということでした。

まあ、一般の人だったらこれを見たら「家で奥さんが怒っていて針のむしろ状態だから外に癒しを求めてしまったのでは？」という考えになってしまいます。

でも、ここでは、**奥さんの旦那さんへの「ずるい！」の反応**に注目をしたんです。奥さんの反応が、前回のカウンセリングでは消えていませんでした。だから「ずるい！」と怒り続けていたんです。

こうして「ずるい！」は伝染する

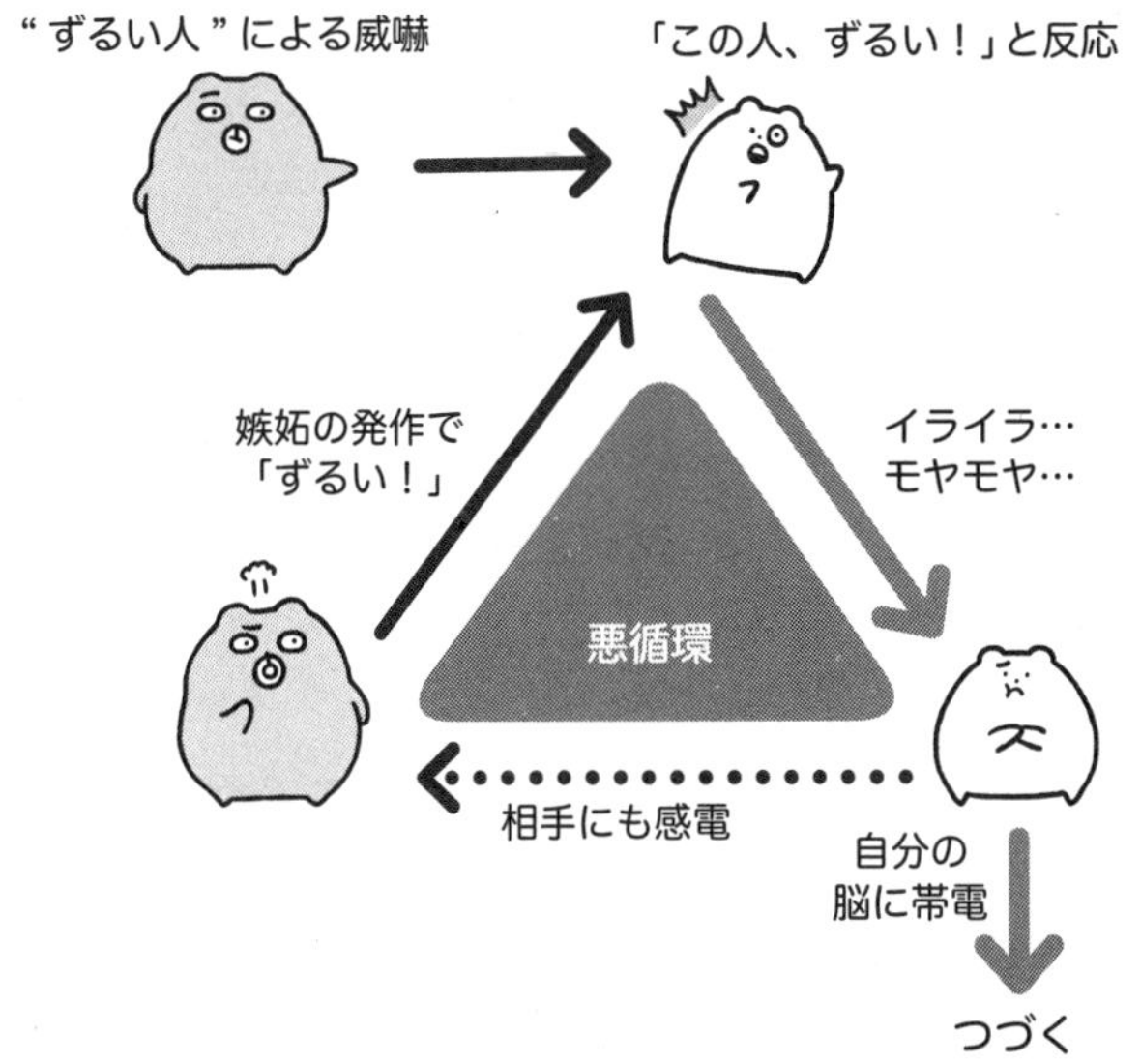

もしかしたら、この奥さんの怒りで、旦那さんの発作が起きちゃって「しちゃいけないことをしちゃうぞ〜！」と自分の意志とは逆のことをしてしまうのかも？ と考えました。

そこで、奥さんの「ずるい！」の反応を止めちゃいましょう！

「旦那さんに対して怒りが湧《わ》いてきたら**《OXTの還元》**を唱えてみてください」とお伝えします。5章にも登場した、愛情ホルモンに関わる遺伝子コードです。

すると奥さんは「なんで旦那がずるくて悪いことをしているのに、私が変わらなきゃいけないの！」と私に怒りだします。

そこで旦那さんの発作の仕組みを説明します。すると奥さんは「私が悪いから、旦那が浮気をしたって言いたいんですか！ 私を責めるなんて、ずるい！」と反応をします。

収拾がつかなくなってきたので、とりあえず奥さんに、試しに今、**「旦那の浮気がずるい！」と感じながら《OXTの還元》と7回、唱えてみてください**、とお願いします。

渋々、奥さんが頭の中で《OXTの還元》を唱えたら「あ！　この人が浮気をしたってどうでもいいかも」とおっしゃったんです。

ちょっと極端ですけど！　と突っ込みたくなりましたが、それは飲み込みます。

奥さんはちょっと冷静になって「**私は私のことをやろう！　と思いました**」と感想を言ってくださいました。

そして今後、もし旦那さんの浮気が思い出されて「ずるい！」となったら《OXTの還元》を7回唱えていただくことをお願いします。

こうして「ずるい！」から解放される

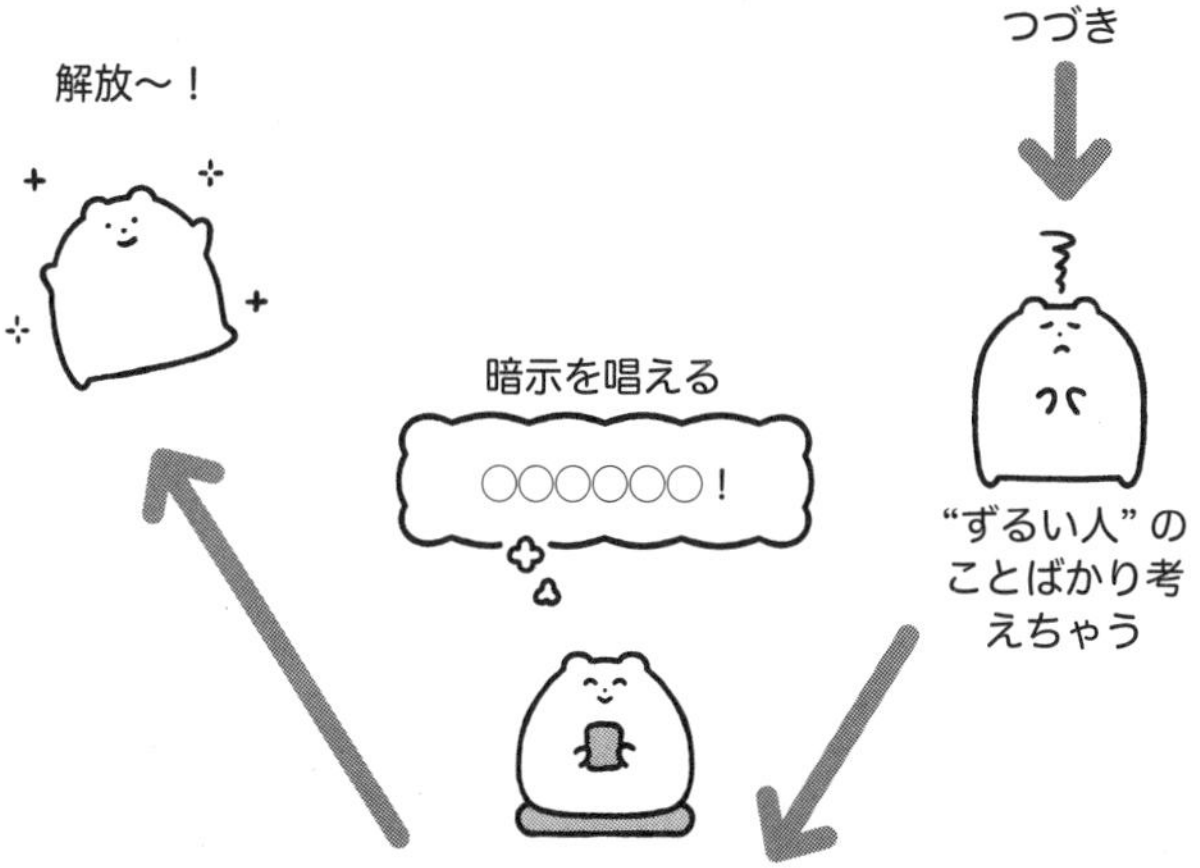
つづき
“ずるい人”のことばかり考えちゃう
暗示を唱える
○○○○○○！
解放〜！

次の回の夫婦面接。「あれ？　この夫婦って別人なの？」と思うぐらいラブラブになっています。「一緒にドライブに出かけたんだよね～！」とお互いの顔を見つめながら言っている感じ。

うわ！　本当に奥さんの「ずるい！」の怒りで旦那さんは感電して、「ずるい！」の発作を起こして、やっちゃいけないことをやっていたんだ！　ということを確信しました。だって、まったく別人状態だったんですから。

奥さんの「ずるい！」の反応が止まらなかったときは、旦那さんの「ずるい！」行動も連続していた。奥さんの「ずるい！」の反応がなくなったとたんに、面接のときの旦那さんの「ずるい！」発言も一切なくなって「奥さん想いのいい夫！」になってしまった。

「ずるい！」の反応が〝ずるい人〟の発作を起こしちゃって、そしてずるいことをしちゃう、という循環がそこにはあったんです。

もし、自分のずるさに気づいてしまったら？

●自分を許すべきか？　また、許す方法はあるか？

職場の後輩たちと一緒に、仕事の後に遊びに出かけたときのこと。みんなで一緒にゲームをやっていると、後輩がどんどん私を抜いて点数を重ねていってしまいます。

「おい！　普通、手加減をして先輩を立てるだろ！　ずるい！」

それでも後輩は手を抜かずに私を叩きのめしてきたので、私は自分の顔から表情が消えていくのがわかります。嫉妬の発作を起こした私は、「バン！」と道具を床に叩きつけ、私自身が〝自分勝手で非常識な人〟に変身してしまいました。

ほかの後輩から「先輩なのに、あんな大人げない態度を取って……」と思われているのはわかるのですが、嫉妬の発作を起こしてしまっているので、それを止めることができなくなってしまったんです。

このときに、後輩たちが無言で怒っているのが伝わってくるので「なんでみんなあいつの肩ばかり持つんだ！」と、余計に私の嫉妬の発作が止まらなくなります。横暴な態度になって、そして、みんなに不快感を与えたことに対して謝罪できないんです。

こんな態度になればなるほど、後輩たちの「ずるい！」が止まらなくなり、そして私の「ずるい！」の発作も止まらなくなるってわかっているのに、**自分の意志の力ではどうすることもできなくなってしまう**んです。

ものすごく不快な気分で家に帰っても、私は〝ずるい人〟に変身したまま元の自分に戻ることができません。「あいつがいけないから！」とか「あいつが場の空気を読まないから！」と自分の大人げない態度を棚に上げて人のせいにしてしまいます。

後輩に対する嫉妬の裏は、惨《みじ》めな気持ちでいっぱいだったので、ものすごく自分のことを「醜《みにく》くて嫌！」と思っていたのだと思います。でも、発作中は相手を責めることから、なかなか自分の力で抜け出すことができないんです。

深夜になってもなかなか寝付けなくて、「後輩たちから嫌われたかも？」と不安になるのですが、朝になったら「あいつとは絶対に口を利かない！」とまた〝ずるい人〟に戻っていました。

一度、嫉妬の発作を起こしてしまったら、多少反省したりするのですが、すぐに〝ずるい人〟に戻ってしまって、そして〝自分勝手で、非常識な人〟をやめることができませんでした。

●責められるほど〝ずるい人〟をやめられない！

周りから「人のせいにばっかりして！」「人間として成長していない！」「ずるい！あの人！」と責められれば責められるほど、相手の怒りが伝わってきて、それが私の脳の発作の火に油を注いでしまうので「オリャ〜！」と燃え上がって〝ずるい人〟をやめられなくなるんです。

長い時間をかけて、ようやく嫉妬の発作が治まっていき、そして〝ずるい人〟から元の自分に戻って「なんで、あんなことをやっちゃったんだろう？」と反省できるようになります。そして「もう、二度とあんなことをしないようにしよう！」と自分で自分を責めて、戒めて、やっと「もう二度とするまい！」と決心をします。

それでも**「なんであんなことをしちゃったんだろう？」と自分を責めて反省すればするほど「いやだ〜！」とあの場面の自分の不快感がよみがえってきて、脳にストレスが帯電していく**のもわかるんです。

そして、ストレスが帯電した状態で後輩が再び「ずるい！」ことを私の目の前でしたときに、私は再び嫉妬の発作を起こして「もう二度とするまい！」と心に固く誓ったことを簡単に破って、そしてずるいことを後輩の前で平気でするようになってしまうんです。

そして、周りから「ずるい！　またあんなことを言ってる！」と白い目で見られれば見られるほど、その静かな怒りが伝播《でんぱ》してきて、私の発作は増幅して「〝ずるい！〟が止められない！」となってしまうんです。

この自分の体験を通じて**「あ！　〝ずるい人〟って、責めたり罰したりしたら余計にそのずるい発作が止まらなくなるんだ！」**ということがわかったんです。

そして、その「ずるい！」でさらに発作が増幅されることも体感できました。

さらに、自分を責めて反省することでも、ストレスを脳に帯電させちゃうので〝ずるい！〟の発作が起きやすくなる！」という面白い仕組みまでわかるようになったんです。

嫉妬の発作を止めるには「あ！　嫉妬の発作を起こしている！」と自分で気づくこと。それだけで「あれ？　いつもよりも〝ずるい！〟の発作が長引かないかも！」となります。なぜなら、自分を無駄に責めて、ストレスで発作を増幅しないから。

もっと言えば、**「自分が発作を起こすと、周りも反応しちゃうんだよな」**と周りの反応まで許せちゃうと、さらに簡単に、自分の発作から抜け出すことができちゃうんです。

こうして、私自身が〝ずるい人〟に変身してみると「あ！　あの〝ずるい人〟もただの発作を起こしているだけの人なのかもしれない！」と思えちゃって「ずるい！」って思わなくなりました。

そうなんです！　私も「ずるい！」と思われているのがわかればわかるほど「ずる

い！の発作」が酷くなって、自分でコントロールできなくなっていました。

「この人も発作を起こしている！」とわかり、責めなくなると、不思議と〝ずるい人〟が〝普通の人〟に変身しちゃうんです。

さて、冒頭のチェックリストや書き込みスペースの〝ずるい人〟メモを、ちょっとここで振り返ってみてください。

いかがでしょう？　感じ方にどこか違いが生まれていませんか？

●仕組みがわかれば、私も相手も大笑い！

ある女性が、カウンセリングに来て「人からすぐに嫌われちゃうんです」とおっしゃって涙を流します。そして、ティッシュで鼻を「チーン！」とかんでから、おもむろにお菓子をバッグから取り出して食べだしたではないですか。

「え〜？　カウンセリング中なのに、自由すぎて、ずるい！」と私は頭の中で反応してしまいます。すると、今度は炭酸飲料を取り出して「ゴク、ゴク、ゴク」と飲みだして、私の前で「ゲップ！」と大きなゲップをします。

「ヒエ～！　ずるい！」と反応すると、今度は、話をしながら綿棒を使って耳掃除をはじめます。私が心の中で「え～？」と思っていると、その女性は、綿棒についたものを、床に向かって「ふ～！」と吹き飛ばします。

見事にこの女性は私の「ずるい！」の反応に対して「〝ずるい！〟の発作」を繰り返していたと考えられます。

そこで、この女性に「ずるい！」の発作の仕組みを説明すると「え？　なんで私が後になって後悔することがわかるんですか？」と、不思議そうな顔で質問してきます。

正直に「私自身が同じ発作を起こしてしまうから、わかるんです」と説明すると、「え～！　そんな風に見えない～！」と驚かれました。

私は「反省すればするほど、脳にストレスがたまって発作が起きやすくなってしまいます。だから発作が起きていたんだ！　としてあげて、自分を責めないでください」とお願いします。

そうなんです、発作だから、それが起きるのを自分では防ぐことは難しいです。でも、**発作の仕組みがわかると、自分を責めなくなり、脳にストレスが帯電しなくなります。**それで結果的に、発作を起こす頻度を少なくすることができるんです。

次のカウンセリングでは、お菓子も炭酸飲料もゲップも登場しなくなりました。女性は「私は、相手の反応で発作が起きて、相手から嫌われるようなことをしちゃっていたんですね！」と嬉しそうに話されました。相手に怪訝《けげん》な顔をされたとき、自分が普段やらないようなことをやってしまったり言ってしまったりするのが、ちゃんとわかるようになっていたんです。

すると、女性はおもむろに「先生も前回、私に対して〝ずるい〟の反応をしたでしょ！」と言われます。正直に答えるしかないので「ハイ！　たしかに〝ずるい！〟の反応をしちゃっていました」とお伝えします。

「だから私、先生の前で恥ずかしいことをしちゃったんだ！」と納得して、「先生、酷い！」とふくれっ面をしながら、その後に二人で大笑いしたんです。

私たちは〝ずるい人〟を見ると「あの人はちゃんと親からしつけを受けてきていない人なんだ」とか「反省ができないダメな人なのかもしれない」とか思い込んで、相手を責めてしまいます。

もちろん一部にはそんな人もいるかもしれません。でも、自分が〝ずるい人〟になったときのことを振り返ってみると「ものすごく反省して、後悔している！」ということがわかるんです。反省して、後悔して、自分のことが許せなければ許せないほど「また、同じようなずるをしちゃった！」となってしまうんです。

周囲の人から白い目で見られれば見られるほど、自分のコントロールが効かなくなり「やったら後悔するようなことをやってる！」となってしまうんです。

逆に言うと、自分が「ずるい！」と白い目で見ているときは、その私の怒りで相手に「ずるい！」の発作を起こさせて余計に「ずるい！」言動をさせていた、と考えられます。

電車の中で、若者が優先席に座っています。ご高齢者が目の前に立っていても、携帯をいじり続ける若者に対して「ずるい！」と周囲の冷たい目が行けば行くほど、若者は「なんで俺が譲らなきゃいけないんだよ！」と言わんばかりに動きません。

でも、その冷たい視線がなくなったとたんに「あ！　今、気が付きました！」というテイで「どうぞ！」と自然に席を移動できるようになります。

そんな光景を見たときに「〝ずるい！〟の反応って、ものすごく影響力があるんだな！」、そして**「責められたり、罰せられたりしてもダメなんだ！」**ということがはっきりとわかります。私の「ずるい！」の反応が、相手の発作を悪化させて〝ずるい人〟を作り出してしまっていたんです。

かと言って「〝ずるい人〟を許してあげましょう！」というのも無理なんです。なぜならば、私たちが「ずるい！」と思ってしまうのも一つの反応だから。

〝ずるい人〟を許してあげよう、とか「見ないようにしよう！」と思っていても「ずるい！」の反応は自然と脳の中で起きていて、そのストレスは蓄積されていきます。

その蓄積されたストレスによって、今度は許そうと我慢してきた私が〝ずるい人〟

の発作を起こして、やりたくないことを自動的にやってしまうようになるんです。

だから、**許すわけじゃなくて「あ！　〝ずるい人〟は周囲の人の冷たい視線で発作が酷くなるんだよな！」**と理解をするだけでも状況は変わってきます。

反省しないんじゃなくて、しつけが悪いわけじゃなくて、周囲の人からの冷たい視線で、「〝ずるい！〟の発作」が止まらなくなり、やりたくないことをやってしまっているだけ。そんな理解が、不思議と〝ずるい人〟の発作を鎮《しず》めてしまいます。

なぜなら、理解することで私自身が「ずるい！」の反応をしなくなるから、相手の発作を増幅することがなくなり、**やがて相手の心は凪《なぎ》になっていきます。**


相手の心が凪になると、私の心にそれが伝わってきて、不思議な一体感を感じていきます。**「そう！　みんな同じなんだ！」という安心感**から来る一体感が私の心に訪れて、やがて、それが周囲へと広がっていくんです。

次第に私の周りから〝ずるい人〟が消されていき、一体感の輪がどんどん広がっていくんです。不思議な優しさとともに。

おわりに ——〝ずるい人〟から解放されて、私たちは次のステージへ

苦しみの末に「あ!」という気づきがあった

●意地悪なはずの警備員さんが教えてくれたこと

「ずるい!」と感じても相手に伝えることができず、モヤモヤや怒り、憤りをためこみやすい。本書は、そういう人に向けて書きました。

〝ずるい人〟のことを書いているだけで、私も怒りに満ち満ちてしまい、ちょっとおかしくなってしまいました。

とことんおかしくなった末、ある日、怒りが「ど~ん!」と出ちゃったときに**「あ! 僕はいじめをしちゃっている!」**ということに気がついてしまいました。

そう、弱者という立場であるはずの人でも「いじめる側」に回っているケースがあ

るのです。

私の場合、怒りが出たのは、近所の警備員さんに対してでした。

私のオフィスの近くでは毎週土曜、駐車違反を防ぐためにたくさんの警備員が巡回していています。そのうちの一人が、自転車に乗っている私のほうにわざと寄ってきて「危ないじゃないか！」と注意をします。

この本の原稿を書いている時期は「あの人、ずるい！」というのをやたらめったら感じるようになっていたせいもあり、私は**「え？　あなたが自分から寄ってきたんでしょ！　それなのに私を悪者扱いするなんて、ずるい！」**と反応します。

次の週。その警備員は、わざと私のほうを見ないようにして、後ろ歩きで私にぶつかってこようとしました。私は**手が震えるぐらいの怒り**を感じてしまいます。

さらに翌週、私が遠回りして彼を避けて通ることにしたら、その警備員のおじさんが後ろから私を怒鳴りつけて「危ないじゃないか！」と言います。

どうやら私が歩道を走っていたのが面白くなかったみたいなのですが、車道の端は細くて怖いので、歩道しか走りたくなかったんです。別にスピードを出しているわけじゃないのに「なんで私ばっかり注意されるんだ！」と怒ってしまいます。

でも、時間がなくて仕事に行かなければいけないので、私は警備員さんに抗議をすることができませんでした。

こうして怒りがたまっていき、さらに翌週、後ろから「危ないじゃないか！」と怒鳴りつけられたとき、ついに私は警備員さんに直接、怒ってしまったんです。

彼のほうを見ると、動揺して、私の顔をまともに見ることができていません。私は追い打ちをかけるように「おい！　ちゃんと目を見て話せよ！」と怒鳴りつけます。

相手の目の中には「怯《おび》え」が見えました。

そのとき「あ！　これっていじめなんだ！」と気づいて、その瞬間、私の怒りは「しゅ〜ん」とクールダウンしてしまったのです。跡形もなく。


私は、子供の頃からいじめられていて、勉強もできないし、「知的にも、精神的にも、社会的にも〝弱者〟である」という自覚がありました。その感覚のまま警備員に対しても「私のことばっかり注意をして、ずるい！」と反応し、「自分は警備員からいじめられている」と思い込んでいました。

でも、それは間違いだったんです。**「私は弱者じゃなくて、じつは強者であり、いじめている立場にいつの間にかなってしまっていた！」**ということに気がついて、ハッとさせられました。

私には、幼い頃から弱者の代表として「あの人は、ずるい！」と強者の間違いを正す感覚、もっと言えば、**強者を駆除するような感覚**があったんです。

でも、そう思えば思うほど、私の怒りはエスカレートしていき、その怒りの電気を当てられた警備員さんがおかしな行動に出てしまって、私の怒りを増幅して爆発寸前まで行ってしまいました。

私が怒っていたのは「弱者の代表として、警備員さんの意地悪な行動を正したいから」ではなくて、**怒りの本当の原因は「自分のことを弱者だと思い込んでいたから」だったんです。**

私はいつの間にか「相手よりも上」の立場になっていて、相手は自分よりも下の立場なのに「ずるい！」という嫉妬の発作を起こし続けていたんです。

これまでは「自分のほうが正しいから〝ずるい!〟と怒って当然」と思っていました。でも、「正しい/間違っている」の問題じゃなくて、「弱者/強者」の認識違いで、私は知らず知らずのうちに、自分よりも弱い人間に対して嫉妬の発作を起こして「間違っている!」と常軌を逸した怒りをぶつけてしまっていたんです。

そして、その「ずるい!」はいじめである、という認識をしたときに、私の嫉妬の発作は見事に消え去って、客観的に自分のことを見ることができるようになりました。

もし「ずるい!」の反応が連続して起きちゃって、それが消えない場合は「もしかして、これっていじめ?」と認識することで〝ずるい人〟が周りからいなくなるのかもしれない。そういうことに気がついたんです。

●解放の途中で起こる、不思議な現象

私の例にかぎらず、この『「ずるい人」が周りからいなくなる本』を読んでどんどん自由になっていくと、不思議な現象が起こるようになります。

この本を書いているとき、1章分ずつ原稿を完成させて、編集担当のIさんにメールで送っていました。半分くらい完成した頃、Iさんからこんな報告がありました。

「あの、先生に相談なんですが、最近、親友との会話がうまくいかなくなったんです。年上の友人で、親切で面倒見がよくて、これまでずっと姉のように慕っていたんですが……なぜか最近、敵対視されている？　と感じるようになったんです」

「よし！　よし！」と喜ぶ私。

なぜなら、Iさんはそれまでに原稿を半分くらい読んでくださって、実践していた。それでどんどん解放されてきたから、周りの人から「自由になってずるい！」と嫉妬されるようになったのでしょう。

じつは、最初にお会いしたときは「控えめで謙虚な方」という印象で「〝ずるい人〟からの嫉妬を恐れて謙虚さを演じているな！」と思っていたんです。そんなIさんが原稿を読んで、実践して「自由に生きられるかも！」となってきた。

だから、それまで親切だった人から嫉妬される、というのは、いい感じ！

でも、Iさんは「自分より年齢も経験も上であるはずの友人から、なぜ攻撃されなきゃいけないの？」と混乱して、憤りが収まらなくなった、と言います。

あ！　私と同じ現象が起きている！　私が警備員さんと対立したときのように「私のほうが弱者だ」と間違って認識しちゃっているけど、二人の力関係は、Iさんが親友から嫉妬されるようになった時点で、すでに入れ替わっているんです。

それなのに、立場のシフトが起きているなんて想像すらできないので、Iさんはまだまだ発作を起こしている。そして、年上の友人はIさんの発作を受けて「ビビビッ！」と感電して、おかしな言動をしてしまっている。そして、どんどんおかしくさせられていく。

こうして、自分が「いじめる側（強者）」に回ってしまっていることを認識できずにいると「怒りが止まらない！」と相手を知らず知らずのうちにいじめ続けて潰してしまうことになるんです。

●力関係が入れ替わる瞬間

Iさんに起こった変化は、ものすごく興味深いんです。以前はなんでも話せる関係だったのに、あるときに、その年上の友人から「最近あなたが何を考えているのかわからない」と言われます。そして、いつも通り正直な気持ちを伝えているつもりなのに「他人行儀」とか「あなたがどうしたいのか全然見えなくて困った」と言われるようになったそうです。

これって、周りにいる〝ずるい人〟から解放された証です。その人は「私の思い通りにならなくなった！」という意味で「最近あなたが何を考えているのかわからない！」と言ってしまっています。

優しくて親切だったから一見〝ずるい人〟には見えなかったのかもしれませんが「自由になってきたら態度が変わった！」、そして「攻撃されるようになった！」というのだったら、その方の正体は〝ずるい人〟であり、その方に人生を支配されて知らず知らずのうちに「私よりも格下！」というポジションに入れられて可愛がられていたということです。

自由になってきたとき、その変化を喜ばれず否定されたときに「あ！　支配されていたんだな！」ということがわかります。「私の支配下から出るな！　自由になるな！」という意味で相手は怒っているわけですから。

そうなんです、じつは、親友なんかじゃなくて支配関係にあったんです。支配関係って「相手の都合のいいように動かされる」ということ。そして、相手の思い通りに動いているうちは優しくしてくれます。

でも、ちょっとでも支配から外れると、怒って、攻撃を仕掛けてきます。

攻撃される、ということは「支配から抜けた！」という証拠になるんです。

まさに、力関係が入れ替わる瞬間がそれだったんです。

そのタイミングで「自分は格下や弱者じゃないんだ！」ということを認識しないと「なんでこの人はこんなことを言ってくるんだ！　ずるい！」と、いつのまにか**強者から弱者への嫉妬の発作**を起こすようになって、いじめのサイクルに入ってしまうことがあります。

「自分が弱者である」という認識から抜けられない人がこのループにはまって「ずるい！」と怒ることがやめられなくってしまうんです。

新しいステージへ行くための準備

●「私は平均よりも上だ」という自己認識を持つ

一般に、人には**「優越の錯覚」**というものがあり「私は平均よりも上だ！」と思えています。

でも、自分を客観的に見るくせが強い人は「経験値がほかの人よりも低い」とか「私よりも格上の人がたくさんいる」というように考えてしまいます。だから優越の錯覚が起きなくて「平均よりも上だ」と自覚しづらくなってしまいます。

そういう人は、立場のシフトチェンジが起きても**「まさか、私が嫉妬される側に回っているなんて！」**と、にわかに信じがたいかもしれません。ずっと長年「私はほかの人よりも下」という苦い経験をしてきた人に、その傾向が強く出ます。

私などは「あ、精神的に幼くて、いじめられていた子供のままだ！」と思うことがあります。誰よりも弱くて惨《みじ》めな自分のままで「そんな自分が嫉妬されるわけがない！」と思っています。

でも、嫉妬されて、それに対して「こんなに低い立場の人間を攻撃して！　ずるい！」と怒ってしまうと、怒りが止まらなくなります。その怒りが相手に伝わり、どんどん相手の頭をおかしくさせて、おかしな言動をさせて「いじめ」の状況を作ってしまうんです。

たとえ怒りを相手にぶつけなくても、**怒って、頭の中で罵倒したり暴力を振るったりするだけで、実際に相手には確実にダメージを与えられます。**

頭の中で罵倒したり暴力を振るったりすることを、私は「自分が弱者だからやって当然！　いくらでもやっていい！」と思っていました。

でも、それは私が間違っていたんです。私は「弱者」という間違った認識を持ってしまっていたから、自覚がないまま、自分が一番嫌っていた「いじめ」をしていたんです。そして**「自分は弱者である」という認識を捨てたとき、鏡に映る大人の自分を見て、「こんな大人に怒られたら怖いだろうな」と思えるようになりました。**

●悪循環をストップさせるには、大人になること

ある方が「自分が変化したら、相手が攻撃的になってきて〝ずるい！〟の怒りが止まらなくなってしまったんです！」と話してくださいました。

それまで「私の思い通りになりなさい！」と直接言われなくても、優しい言葉で〝支配〟されてきた。そこから自由になってきたら、相手は「なんで私の支配から自由になるの！」と怒って攻撃してくる。**支配される〝弱者〟という立場から、支配されない〝大人〟へとシフトチェンジ**しちゃったから、このような現象が起きます。

この方の怒りが止まらないのはIさん同様、「自分は相手よりも格下である」という認識が変わっていないから。すでに立場が逆転してしまっているので、こちらが「なんで私に怒りをぶつけてくるの？　ずるい！」と怒ってしまうと、いじめ状態になってしまうんです。

そこで「相手よりも自分のほうが上なんだ！」という認識を持てればいいのかもしれませんね、とお伝えすると「それは無理！」とおっしゃいました。

「だってこれまでずっと格下の役割を演じてきたから、急にその認識を変えろと言われても……」と難しい顔をされます。

「だったら簡単な方法を使いましょう！」と提案します。

まず、「自分よりも格下（下の立場）」と思える人を思い浮かべて、その相手に対する自分の態度を確かめてみます。

その態度で「ずるい！」と怒ってしまう相手に接しているところをイメージします。すると、本来の自分のポジションが確認でき、本来の大人の自分で相手に接することができるようになります！　という方法です。

すると、その方は「自分よりも格下の相手が思い浮かびません！」とおっしゃいます。相当「優越の錯覚」に問題があるな……と思いながら「姪《めい》っ子さんに対しての態度はいかがですか？」と聞いてみると「あ！　そうか！」という顔をされます。

姪っ子さんに対する態度を思い浮かべながら、その態度を「ずるい！」と思っている相手に使ってみます。すると「あ！　一緒に遊んでくれなきゃ嫌だ！　と駄々をこねている子供と一緒だ！」ということに気がつきます。大人である自分は「はい、はい、はい」と軽くそれを流すことができて「また、時間があったら一緒に遊ぼうね！」と切り返すことができてしまいます。

「あ！　本当に私のほうが上なんだ～！」という自覚が持てる瞬間。

「私はこれで生きていいんだ！」とちょっと新鮮な気持ちになるんです。

●関係の更新を恐れない

私は、これまで〝ずるい人〟たちに振り回されてしまうことで本来の自分では生きられなくなっていました。いつも、薄汚れた弱者の気分で「自分だけが不幸だ」と思って惨《みじ》めに生きてきたんです。

そんな私が暗示や遺伝子のコードを唱えてどんどん自由になっていくと、

「あれ？　自分は〝ずるい人〟たちに自分の人生を支配されていたんだ！」

ということに気がつきます。惨めな感覚がどんどん薄れていき、やがて「自分って不幸じゃないのかも？」と思えるようになってくるんです。

すると、今まで優しかった人が攻撃してきたりして「ヒエ〜！」となります。あんなに優しかった人の態度が変わって怖い〜！

でも、これって、私を支配していた人との関係性が変わったから起こったこと。ここでちゃんと**関係の更新**をする必要があるんです。

「この人よりも格下」という認識から「この人よりも格上」という認識を持つんです。

関係の更新をしないでいると、「ずるい！」と相手に怒って攻撃してしまい、そのことで自分よりも下の相手は怯《おび》えて、ますますおかしな行動をして私を怒らせ、いじめの状態を作り出してしまいます。

「自分よりも弱い立場の人間を攻撃し続けいじめ続ける、ということを私はやりたいの？」と自問自答したときに「やりたくない！」となります。**私は、自分と同じレベルの人たちと楽しく一体感を感じられるようになりたいんです。**

これまでずっと「みんなよりも下」と生きてきた私にとって「この人たちよりも上

なんだ！」と思うのは勇気がいりました。なぜなら、自分の謙虚さを欠いてしまうような感覚があって「傲慢になって潰されてしまう」という怖さがあったから。

でも、それに怯えていたら、いつまでも自分と同じレベルの人と出会うことができず、いつまでも周りの人を裁き続け、不快な気分にまみれることになってしまいます。

もうそれは十分に体験してきたので、次のステージへと上がってみたくなったんです。**自分と同じレベルの人たちと共に喜んで楽しめる世界**へと進んでみたくなったんです。あの恐怖を脱ぎ捨てて。


この本を読んだ方が「あれ？　周りの人との関係性が変わってきた！」となってきたら、恐れずに関係の更新をやってみることです。

なぜなら、そこに、あなたの本当の居場所があるから。

自由に自分自身のままでいても受け入れてくれる人たちがそこに待っているから。

スペシャル解説

株式会社インサイト・カウンセリング室長
泉 園子（臨床心理士／公認心理師）

このたび、『「ずるい人」が周りからいなくなる本』の文庫化にあたり、編集者から寄稿のご依頼をいただきました。本書のふりかえりや私（泉）の実体験、そして「私から見た大嶋先生」という「他己紹介」を、といったご依頼内容でした。

本書は、チェックリストがあったり《遺伝子のコード》が登場したりと、楽しくもあり、かつ斬新な切り口で展開された内容で、私もお気に入りの一冊。そして大嶋先生の他己紹介を、先生が現役で臨床をなさっている今この時期に書かせていただけるなど願ってもないことでしたので、「ぜひやらせてください！」と即答しました。

刊行から3年半が経ち、その間、世の中ではさまざまな出来事が起こりました。あらためて本書を読むと、今だからこそわかることや見えてきた点が多々あると感じます。それらの事象も織り交ぜながら、本書をより深く、より楽しんでいただく内容にできたら……そんな思いを抱き執筆にとりかかった次第です。この機会を与えてくださった関係者の方々に感謝の意を表しつつ、さっそく本書をふりかえっていきます。

▼本書の特徴

本書を最後まで読み進めると、自分がこれまでよりもひと回り成長したような、何だか背筋がピンと伸びて凛《りん》としたような気持ちになります。本書の最初から最後までの流れは、まるで一人の人間のライフストーリーであるかのようです。

まずは面白そうなチェックリストから始まる本書（大嶋先生の著書では珍しい展開です）。「私は絶対にこれ！」「昔はCだったけど今はAかな？」など、それぞれ日常をふりかえりつつチェックされたかと思います。あるいはチェック項目を読んで、自分の周りの〝ずるい人〟を思い出してムカムカした方もいらっしゃるかもしれません。

6章までは、大きく分けると3つの要素が含まれます。まず、「どういうタイプの〝ずるい人〟に反応するか」には幼い頃の体験や環境が影響しているという点。次に

〝ずるい人〟に反応するデメリット。そして〝ずるい人〟に反応することを「自己免疫システムの暴走」ととらえ、対処法をお伝えする、という展開になっています。

そして7章と「おわりに」は、自分に対する「許し」と「癒し」といったところでしょうか。〝ずるい人〟に反応する仕組みや、その対処法を学習するために読んだはずなのに、最後まで読み進めるとなぜか、あたかも上質なセラピーを受けて心が軽くなったような、癒された気持ちになる不思議な本です。

▼大嶋先生を取り巻く〝ずるい人〟

1章では、大嶋先生(以下、先生)の実話が書かれていますが、読者の方々もまるで自分のことであるかのように感じられたのではないでしょうか。「貧乏性」「人の話を真に受ける」「真面目に正しいことをおこなっている」などという方は、じつに謙虚で優しくていい人であるといえます。そんなすばらしい人がなぜ〝ずるい人〟に振り回されなければならないのか、という思いに駆られます。

心理臨床の世界では、「スーパーヴィジョン」と呼ばれる、治療者が熟練者から指導を受ける制度があります。この世界でよく言われるのは、「指導者はダメ出しばかりして技術的なことはなかなか教えてくれない」という逸話。お金を払って、ダメ出しをされて、心がズタボロになって帰る、いわば「修行」のようなものを多くの臨家が体験しているはずです（今は時代が変わってダメ出しは少なくなっているかもしれませんが）。

そんな世界を知る私にとって、先生に出会ってからは衝撃の連続でした。「え？ そんなハイレベルな技術をまったくの新人さんに教えてしまっていいのですか？」「え？ タダでそこまで教えちゃうのですか？」「そのうえ、ご飯までご馳走しちゃうのですか？」といった、目を丸くするような場面を多々目撃してきました。

そして、私からすると「何だか怪しい感じの人だなぁ」と思ってしまう人でも、その人が先生を慕って近づいてきたら受け入れて対応します。見ているこちらはハラハラドキドキです。でも、「先生も何か意図があるんだろう」とそのまま見守っていると、なんとその人が、まるで自分の手柄であるかのようにどんどん偉そうになっていくわけです。「え？ それって元々は先生が考案した技術ですよね？」「あれ？ 先生に対する謝意はないのですか？」と私は驚愕します。挙げ句の果てには、先生直伝の技術を否定し、自分が考案した技術のほうが優れている、と打ち立ててしまうなど……驚くような出来事を見てきて、まさに「ずるくないですか？」と私は憤慨していました（これらは、あくまでも本書が出る前のエピソードです）。

最近の大ヒットドラマである、銀行を舞台とした作品の主人公も、真面目に誠実に毎日夜遅くまで働くすばらしい人ですが、人に裏切られたり、自分が掴んだ重要な情報を横取りされたり、能力が高いがゆえに嫉妬されて酷い仕事を押し付けられたりという散々な目に遭います。

見るたびに、まるで先生のようだな、と感じていました（私にとって先生は上司ですので、どちらかというとこのドラマの頭取と重ねてしまいますが、この頭取も若かりし頃は主人公と似たキャラクターだったのではないか？ と推測します）。

さて、このドラマでは、時代劇のラストさながら〝ずるい人〟をやっつけるという、スッキリ爽快な結末が見られます。本書の展開も、同じ印象を受けます。ゆえに、読み終わると人生のドラマを鑑賞したような気持ちになるのかもしれません。

先生ご自身は、「途中、非常に困難な状況に見舞われるものの、ラストはスッキリ終わる」という展開を好まれます。私がまだ新人の頃、「課題映画」としていろいろな作品を勧めていただきましたが、観るとすべてハッピーエンド。それも本当に心がスカッとする作品ばかりでした。

先生がこれまで触れてきた映画や小説などは、先生の臨床スタイルや、次々と生み出される新しい技術に生かされているように思います。先生ご自身も〝ずるい人〟に振り回され、映画や小説の主人公のようなどん底の状態を経験されていますので、本書に書かれた手法の確立は、積年の願いであったのではないでしょうか。

▼仕組みの解明だけでは終わらない

人の心の解明について書かれた本はたくさんあります。おそらく読者の方々も、これまでに数多くの本をお読みになられたかと思います。

ところで「心理本を読むと具合が悪くなる」とはよく聞かれる話で、理由としては、

「仕組みはわかったが対処法がわからない（あるいは、自分で折り合いをつけていくしかないのだと落胆する）」「〝心〟という目に見えない部分を扱うだけに、肝心なところは結局スッキリしないまま残る」「具体的な内容を知れば知るほど反証や反発が生まれる」などが挙げられます。

本書の場合は、心理本と物語の中間のような、はたまた合作のような、なんとも不思議な存在感を醸し出しているように私は感じるのですが、「なぜそう感じるのか？」と考えてみると、「目的は仕組みの解明にあるのではなく、あくまでも現時点の問題の解決にあるからではないか」と思い至りました。

そう考えると、私のなかに想起されるのは、ミルトン・H・エリクソン（1901－1980）の存在です。エリクソンはアメリカの精神科医・心理療法家で、彼は「〝無意識〟を味方にする（活用する）」という、従来の理論や技法とはまったく異なる技術を用いて、臨床場面で治療をおこなった人物です。

おもな論文のテーマや治療場面で用いた手法は「催眠療法」ですが、一般的にイメージされる「催眠術」とは異なり、エリクソンの患者は「催眠に入れられた」という自覚は持ちません。直接的な指示や儀式的な誘導はおこなわず、暗に示す言葉を用いたり、その人に合わせた物語を語ったりするという技術を使って問題を解決する、という独自の療法を確立しました。「語呂合わせ」や「ユーモア」も多用するという特徴から、彼の技術は大変独創的なものである、と評されました。

▼偉大な催眠療法家・エリクソンとの共通点

ところで、大嶋先生からケース指導をしていただくと、このエリクソンにそっくりだと感じることが多々あります。よく見ると、お顔も似ているような気がします（エリクソン本人とは直接お会いしていないので、あくまでも写真で見るかぎりですが）。

先生にそうお伝えすると「パクリだからね」と笑いながら答えられますが、いいえ、じつはエリクソンの技術はそう簡単には真似できません。事実、エリクソンは各々に合わせて戦略を変える臨床家でしたので、彼の技術は体系化されていないのです。エリクソン自身、自らの技術が体系化されることは望まなかったといいます。つまり、心理の専門家であろうと、教科書からそう簡単には習得できない技術なのです。

先生の場合、優れた先人に対するリスペクトによって技術を獲得できた可能性も十分に考えられますが、それだけではなく、やはり先生も類いまれなる独創性や柔軟性を持ち合わせており、かつ、現在の症状の軽減や問題解決を当面の目標にする、という基本姿勢がブレないため、エリクソンと同じようなことができるのではと考えます。

ほかにもエリクソンと大嶋先生との共通点がいくつも思い当たります。

まずは、超自然現象や超能力を退けている点です。エリクソンは「催眠の研究を神秘主義的で非科学的な意義から分離させようと、50年以上も努力してきた」(『私の声はあなたとともに』より)と言っています。つまり、「催眠療法」が臨床の技術の一つとして確立された背景には、彼の並々ならぬ努力があった、ということです。

彼は、行動療法や認知療法や精神分析など、あらゆる方法論をよく利用したといわれます。大嶋先生も同じで、現存する方法論はひと通り頭に入っているため、治療の場面でいつでも用いることができます。

そして、エリクソンは相手が占い師であろうと手品師であろうと、相手の行動の細・

部を詳しく観察することでその実態を暴きます。先生も観察を重視します。

また、エリクソンは「家族システムを利用する」手法もよく用いており、患者の問題を解決するために、家族の特徴を利用します。家族のどんな特徴が患者の問題解決に有効に働くかを検討するため、家族の情報や家庭の様子を詳細に確認します。いわば、客観的な情報を集めてデータを取る、という、極めて科学的な作業をおこなうのです。これも先生と共通する部分です。

本書の事例で、夫の浮気に怒っている女性に「《OXTの還元》と7回唱えてみてください」と伝えた話が出ましたが、この手法はまさしくエリクソンが用いたような突拍子もないもので、案の定、事例の女性は驚き、混乱し、怒ります。

このように、驚き、混乱し、怒る、という感情が一気に湧《わ》くことで、催眠状態に入るのでしょう。催眠状態に入ると、善悪の判断が外れます。そこで言葉を唱えると、遺伝子のスイッチがオフになるのだと考えられます（本人が遺伝子のスイッチを意識的にオフにすることは現時点では不可能なので、スイッチをオフにするには、催眠状況下で働く無意識を発動させるしか手段はありません）。

さて、事例の女性は、その後「ずるい！」という怒りがなくなってしまったので問題は解決しました。結果、夫婦は仲良くなり、夫も「奥さん想いのいい夫」に変化しました。そして、今後もし「ずるい！」という怒りがわいたら「《OXTの還元》と7回唱える」という処方箋を獲得し、新たな日常を手にできるようになりました。

本書のとおり、《OXTの還元》が適用となるケースは、「基本的信頼感」が足りてない、ということが背景にあります。おもに0～3歳頃の母親との関係が影響している、とのことでしたが、そのようなデータを集めて仮説を導き出しているので、「《OXTの還元》と7回唱えてみてください」はそれほど怪しいものではないわけです。

もし、詳細な観察や事実にもとづくデータを無視して「自分の頭に急にひらめいた言葉」を唱えさせてしまうと、それは非科学的で怪しいものになってしまうことでしょう。また、基本的信頼感が獲得できなかった背景を挙げて分析するだけであれば、問題の解決は難しいかもしれません。

実際はこのいずれかに偏った状態で治療に当たっている臨床家も散見されるなか、大嶋先生は「科学的であること」と「現在の症状の軽減や問題の解決を目標にする」

という基本姿勢を崩さないように努めています。このバランスを維持する努力の一環なのか、相当な数の映画を観て、論文も読み、クライエントが興味を持っている漫画なども読みます。また、未体験の新しいことをやってみたり、自分とは趣味の異なる人が勧める料理を食べてみたりもします。エリクソンもじつに多種多様な文化に精通していましたので、この辺りも共通する部分なのかもしれません。

広く多種多様な文化に触れることで（間接体験も含まれます）、人の心に良い意味で影響を与える「言葉」を特定できるようになります。無数に存在する言葉から適切なものを抽出することは、容易ではありません。

本書では「こんなのでいいんですか？」と思うような短い言葉が抽出されていますが、じつは選ばれた背景に、非常に多くのデータが含有されているのです。

▼「〝ずるい人〟が周りからいなくなる」ことは可能なのか？

〝ずるい人〟に反応することのデメリットとして、「過去のことをグルグル考え、今を生きられなくなる」「なんであの人は？　と相手の立場に立って考えることで自分の感覚が失われる」ことが挙げられていました。

じつのところ、これは非常に深刻な事態です。限りある人生において、大事な「時間」を他人に奪われることになるからです。いわば、自分が必死で働いて得た大切な財産を、泥棒に盗られてしまうようなもの。そう考えると、たとえ1秒でも、〝ずるい人〟のために時間を使いたくない！　と思ってしまいます。

ところが、この問題に、人々は長いこと悩まされてきました。誰かに相談しても「そんなの気にしなきゃいい」「もっと大人になれ」などと言われたり、「○○をやればいいよ」などと、相談相手のお気に入りアイテムを紹介されたりします。そのような助言に触発されて、他人を許す方法や、自分を愛する方法を学ぼうと教科書を手にしてみても、「自分にはできない」「自分だけは変わらない」と思ってますます落ち込むばかり。助言は多くの場合、個人のデータを取らずに発せられた「主観的」な言葉なので、残念ながら、有益な言葉として本人に作用しないことが多いのです。

学習することや、自分の考え方を変える努力をすることは、大変難しいことであるか、できたとしても相当な時間と労力がかかりそうなことが見えてきました。

では、この難題にどう挑むか。そこで今回登場したのは「〝ずるい人〟への反応は花粉症のようなものである」というまったく新しい概念です。概念というよりも、新たな物語が誕生した、と言ったほうが良いかもしれません。

「〝ずるい人〟が周りからいなくなる」と考えると、「そんなことは不可能」という思考が働きます。しかし「花粉症のようなもの」と言われると「え?」となります。「そんなの絶対に無理」という思考から一瞬、外れるわけです。

「で、それってどういうこと?」とさらに掘り下げていくと、「花粉症＝アレルギー＝自己免疫システムの暴走」というストーリーへと発展していきます。

たしかに〝花粉に反応する人〟〝すごく反応する人〟〝まったく反応しない人〟が存在します。花粉症の人にとって〝まったく反応しない人〟は羨ましいはずです。一見とんでもない理論のように思われるかもしれませんが、「花粉症」という身近なテーマなら、多くの人が了解やイメージが可能な話ですので、「今までに聞いたことがない考え方だけど、もしかしたらそういうストーリーもありかも!?」と思ってしまいます。

ちなみに、先生もかつては花粉症の症状をお持ちでした。それも、わりと重度であったようで、花粉症の症状で定期的にぐったりされていました。

私も、東京に来てから花粉症を発症しています。じつは私が育った田舎はスギの木が有名で、どこを歩いても至る所にスギの木があるのですが、田舎にいた頃は花粉症という自覚はありませんでした。今思えば、たしかにくしゃみや鼻づまりはあったような気がしますが、それを「不快」と感じることはありませんでした。

上京後、春になるとほとんどの人がマスクをしていますし、「今日は（花粉が）多くてつらい」という人々の言葉を頻回に聞くうちに、自分も反応するようになりました。近年、花粉症対策関連のさまざまなグッズが販売されるようになったことも影響しているかもしれません。テレビはあまり見ないとしても、お店に行くと「花粉症」の文字が強調されたPOPが目に入ってしまいます。

まさに「知識が人を不幸にする」と本書にあるとおりの状態に陥ったわけです。血液検査でもスギ花粉に反応している事実が証明されたので、思い込みではなく、本当に花粉症のスイッチがオンになったまま固定されてしまったようです。

▼「自己免疫システムの暴走」について知る

2020年に入ってから、新型コロナウイルスが世界中の人々を震撼《しんかん》させました。なぜこのウイルスが恐れられるようになったかというと、「免疫システムの暴走」（「サイトカインストーム」とも呼ばれます）が起きる可能性が示唆されたためです。

重症化するケースでは、このウイルスが体内に入ることでサイトカインストームが起こり、免疫システムが暴走して、正常な細胞をも攻撃し続けてしまいます。その結果、血管が大量の免疫細胞で詰まってしまい（血栓症）、臓器に酸素や栄養分が行き届かなくなり重症化する、という仕組みです。

ウイルスの流行によってメディアで取り上げられたので、おそらくこれまでよりも多くの人がサイトカインストームの脅威を知ることになったと思われます。

先生はウイルスの流行よりも前に、この現象に注目していました。実際に、膠原病《こうげん》や甲状腺疾患などの自己免疫疾患を有するケースを観察していくなかでヒントを得た部分も多く、その情報（データ）が本書の手法にも活かされています。

〝ずるい人〟という、ウイルスや花粉のようなものへの反応が過剰になると、次から次へと〝ずるい人〟が目の前に現れるようになり、「なんであの人は！」と怒り続ける日々を送ることになります。結果、体調が悪くなってイライラし、周りの人は呑気で幸せそうに見えてさらにイライラする、というループから逃れられないような感覚になります。この状況が長く続くと、自分が持っているものまですべて〝ずるい人〟に破壊されてしまいます。まさに免疫暴走が健康な細胞を破壊し、大事な臓器の活動を止めてしまう、というサイトカインストームのようなメカニズムです。

では、これをどうやって止めるのか。

炎症を抑えるにはお薬しか手段はない、というのが一般的な考えです。「そもそも、自己免疫疾患は難治性ではないか？」という判断も働きます。そうした常識を押さえたうえで、先生は「〝ずるい人〟という有害物質に反応する遺伝子のスイッチをオフにできたらいいのではないか」という考えに到達します。

このように、それまでに得た知識を活用はするものの、一旦その知識を外して、まったく異なる視点から物事を見てみることによって、新たな概念を構築する、という作業は「ナラティブ・アプローチ」と呼ばれます。そして、この手法を用いた臨床は「ナラティブ・セラピー」といわれます。

エリクソンも非常に常識を持ち合わせていたといわれます。一見すると、彼の戦略的な技法は常識から外れているように思えるのですが、じつはいたって常識的なものであり、通常は「その時点の問題」に焦点が向けられていました。

新たな概念を構築したとき、すでに「変化が起こせるかもしれない」という期待は高まっているのですが、果たして本当にうまくいくのか？　という疑問もやはりあり、半信半疑といった感覚です。

▼「遺伝子コードを唱える」の威力を実感

私自身のエピソードですが、あるとき、身体中のあらゆる粘膜から出血する、という状況になりました。ちょうど職場の社長室のドアが開いていたので、先生に話してみると、パソコンで作業をしながら、とある恐ろしい病名を2回繰り返しておっしゃったので、「△☆▲※◎★⁉」と思わず絶叫する事態に。

「こいつ、うるさいな」と思われたのか否か定かではありませんが、引き続きパソコン画面を見ながら「アングアング（《ＡＮＧＰＴＬ４》を唱えなさい）」とおっしゃいました。出血している人間はイライラしているものですから、フーフー荒い鼻息もまったく収拾しないまま《ＡＮＧＰＴＬ４》を唱えることになりました。

信じられないことに、気がついたら出血は止まっていて、現在も身体中の粘膜から出血するという症状は現れていません（先生、大事な作業中に絡んでいってしまい、その節は大変失礼いたしました！）。


ちなみに、これは本書の出版前の出来事で、「遺伝子コードを唱える」手法を実験的に試しはじめていた時期でした。遺伝子に注目した心理療法は２００５年頃からおこなっていたので、すでに多少馴染みはありましたが、それを「唱える」とは、相変わらず先生はユニークなことを考えるものだな、という程度の認識でした。

しかし、出血が止まる体験をしてからというもの、「遺伝子コードを唱える」手法に対する信頼度が私のなかで激増したことは言うまでもありません。

そして、本書が出版されて、さらに驚くことになります。私はチェックリストのAタイプでした。そして、適合する遺伝子は、なんと《ANGPTL4》だったのです。思わず「おお！」と声をあげた瞬間でした。このことを後日報告すると、先生も驚かれていらっしゃいました（私の先ほどのエピソードは先生も忘れていらした様子）。

やはり、人にはそれぞれ特性があって、自分に合った言葉を使うと、本当に症状が消えるようなのです。

私は信心深く遺伝子を唱えたのではなく、ものすごくイライラした状態で唱えました。それで出血が止まったわけなので、想いを込める、などはあまり関係なく、やはり「言葉」そのものが作用している可能性が考えられます。

夫の浮気に怒っていた女性も、「なんで旦那がずるくて悪いことをしているのに、私が変わらなきゃいけないの！」「私が悪いから旦那が浮気をしたって言いたいんですか！　私を責めるなんてずるい！」と激怒した状態で遺伝子を唱えました。そして、唱えた直後から怒りが収まってしまいました。

▼言葉選びの重要性

《還元》というコマンド（身体に命令を出す用語）も、遺伝子のスイッチをオフにするのに効果的に働くようです。

今や私たちは、パソコンやスマートフォンを日常的に使いこなしています。アイコンをクリックするとすぐに見たいものを見せてくれて、やりたい作業をやらせてくれるのは、コンピュータのシステムがコマンドによって動いているためです。つまり、「これを実行してください」という指示をコンピュータの言語で伝えることで、システムが作動し、作業がおこなわれる、という仕組みです。

本書の「言葉を唱える」作業も、同様のことに思われます。コンピュータでは、コマンドに相当する言語が1文字でも違うと、作業はおこなわれません。本書の手法も同様で、言葉が違うと、うんともすんとも変わらない、という状況になります。

本書で《還元》は「症状の原因遺伝子をオフにして、元の生まれたときの状態に戻れ！」というコマンドだと説明がありました。この「元の生まれたときの状態に戻る」が、重要なポイントである気がします。

人は、生まれて以降、常に人からの言語による影響を受け続けます。そして、考え方や行動パターンなどの特徴が形成されます。生まれたときの赤ちゃんは、人の顔色などうかがっていませんし、自分がどう見えているかなど気にも止めていないでしょう。ただひたすら、自分が快適になることを目指している状態で、しかもそれを無意識的におこなっている状態といえます。たしかに、この状況に戻れたら自分は最強だ、と思います。

とはいえ、赤ちゃんに戻ることは物理的に不可能ですし、人からの影響をゼロにすることも難しいでしょう。そうであれば、コンピュータのようにコマンドを使って特定の目的を実行させることはできないだろうか？

そのような考え方が、本書の手法のベースにある気がします。人間は、コンピュータよりもさらに緻密なシステムである、と考えると、一見難解で複雑だと思われる作業も実行してくれるのではないか？　という大胆な仮説です。「そんなの無理に決まってるだろう」という意識が働きますが、やってみないことには何もわかりません。

そこで、どの言語を使うか。本書をお読みになられてお気づきのとおり、唱える言葉は暗喩《あんゆ》的になっています。暗喩、つまりは「メタファー」です。もし「《CD79A》をオフ」や「《CD79A》を生まれたときの状態に戻す」を使うとしたら、これらはより直接的な言葉になります。

しかし、本書で紹介されたのは《〇〇の還元》という言葉です。《還元》というのがなんとも絶妙で、誰もが一度は聞いたことがあるであろう言葉なのですが、日常的にはそれほど使わないので、反証や反発が入りにくい言葉であると感じます。

また《暗示》の言葉も然りで、「〝ずるい人〟よ、私の周りからいなくなれ！」が直接的な言葉になるかと思いますが、本書では《事象と記憶の統合》《思考の中和》《成長の豊かさ》《カラシ種の力》という言葉で示されます。

これらも、一語一語の語句の意味はわかるのですが、文章の意味は？　というと、わかるようなわからないような……ある意味、100人いれば100通りの解釈がありそうな暗喩的な表現になっています。

▼暗示的な言葉のほうが影響力は大きい

じつは、直接的な言葉や比喩（直喩《ちょくゆ》）よりも、暗示的な言葉であるメタファーのほうが、より人の心を打ち、影響を与えることができるとされています。実際に、聖書に書かれた話や、仏陀の言葉にもメタファーが多用されていますし、日本の仏教の教えにもたくさんのメタファーを見ることができます。エリクソンが臨床で多くの効果を上げることができたのも、メタファーを多用したためです。

「メタファーなんて私には難しい」と思われる方もいらっしゃるかもしれませんが、実際、日常生活で私たちは皆、直接的な言葉よりもむしろメタファーのほうに多く触れているのです。あまりに日常的なので、影響を受けている自覚がないのです。

たしかに、今、急に誰かに「何かメタファーをつぶやいて」と言われると、一瞬考えてしまいます。日常的によく使っているにもかかわらず、意識的に考えようとすると、何か良いことを言わないと、と思ってしまい、センスの良いメタファーなどなかなか思いつかない、というのが現状です。

子供は絵本やおもちゃやアニメが大好きです。たいていの子供は、それらが与えられるとどんどん引き込まれ、夢中になってその世界を楽しみます。

子供が好む絵本やおもちゃやアニメなどは、まさにメタファーの宝庫。子供たちは、直接的な言葉や視覚的な情報に夢中になっていると思いきや、じつは作品に散りばめられたメタファーに心を打たれるからこそ、その世界に引き込まれるのではないかと考えます。そして、それらに触れた体験が、子供の人格を形成していきます。

しつけや教訓なども、直接的な表現で大人が注意してもなかなか本人には入っていかないものですが、絵本や物語に触れると、子供は精神的に成熟していきます。これは、絵本や物語に散りばめられたメタファーによる効果であると考えられるのです。

大人であっても日々、多くのメタファーに触れています。大人が好む映画や小説やドラマはもちろんのこと、商品の宣伝や、街中の看板などにもたくさんのメタファーが散りばめられています。自分が好んで食べたり買ったりしたと思いきや、じつは見事にメタファーで心を動かされて「自分はこれが好きだ（欲しい）」と思い込んでしまった、ということが案外多いかもしれません。

また、よく落ちる洗剤を使って、頑固な汚れがすっかり取れてしまったのを目の当たりにしたときなど、「この子、すごい！　最高！」と思ったことはないでしょうか。この場合も、そこにある洗剤、という直接的なものではなく、「よく頑張る働き者の良い子」という、いわばそこにはない存在を見ているという点で、メタファーを使っていることになります。じつに私たちは、幼い頃から現在に至るまで、日々メタファーに触れ、メタファーを使いこなしている達人である、といえます。

そういうわけで、本書に出てくる《暗示》や《遺伝子のコード》を唱えることは、日常的に馴染みのある方法で、かつ、個人により効果的に影響を与えることができる手法である、といえるのではないかと思います。

この手法を生み出した先生は、既存の概念を壊して新たなストーリーを構築するというナラティブ・セラピーに精通しています。また、人それぞれに所有している能力に注目し、本人がその力に気づいて使えるようになるために間接的に援助するという、「現代催眠療法」の手法を大事にしてこられた方なので、今回紹介されたような斬新な方法が誕生したのだと思います。

ちょうど、2003年に「ヒトゲノム計画」というプロジェクトが完成し、遺伝情報の全配列が解かれたため、以降私たちは遺伝子情報を知ることができるようになりました。このことも本書の手法に大きく関わっていると思います。

症状を表す言葉や病名ではなく遺伝子を唱えることは、暗喩的な表現を用いることを意味します。それも、まったく無意味な言葉ではなく、関係ありそうだけれどもわかるようなわからないような「絶妙な言語」です（ちなみに、この絶妙な言語は、先生の思いつきで生み出されたわけではなく、的確な言葉を選定するために相当な時間と労力が使われています）。

そのような言語は意識が働きにくいので、スイッチがオフになりやすいのだと思います。〝ずるい人〟に反応しやすい人は、いわば免疫システムが暴走している状態である、というストーリー。免疫システムが暴走している、ということは、あらゆるものを「異物」と認識し、戦っている状態です。「これはこうだからダメ」「あれはああだからダメ」と、過剰に意識的になった状態といえます。このように、常に遺伝子のスイッチがオンになっている状態（または、スイッチが頻繁に入ってオンになりやすい状態）をオフにするために、「意識が働きにくい言葉を唱える」ことはじつに適しており、よく考えられた手法であるとあらためて感じます。

しかも、手順がとても簡潔なので、先ほどの私の例のように、イライラしているときや、疲れて気力がないときでも実行可能です。おそらく10秒もあれば楽になります。煩雑な作業や時間がかかる工程を極力省き、人々がより使いやすい手法を提供するのが先生の流儀なので簡便な方法になっていますが、じつはその背景には、さまざまな専門性が含まれているのです。

▼〝ずるい人〟に反応しなくなると得をする

この手法を使うようになってから、クライエントさんの状態は驚くほどに変化しました。新型ウイルスの大流行によって、マスクや紙類が店頭から消えた時期がありましたが、私の周囲のほとんどの人はそのことに激しく反応していました。

「買い占めはずるい！」「値段を吊り上げていてずるい！」などで、さらに驚くことに、誰がいつどこでどうやって買い占めているのか、といった情報を自ら探しにいって、また「ずるい！」といって怒る、という状況でした。

それにともない「電車内でマスクをしない〝ずるい人〟」や「トイレの後しっかり手を洗わない〝ずるい人〟」にも反応し、SNSに上げると共感する人が現れて、ますます「ずるい！」という反応が止まらなくなっているようでした。私にはものすごい炎を上げて燃えている火事のように見えました（まさに「炎症」です）。

ところが、本書の手法を使っているクライエントさんたちには、この現象がほぼ見られませんでした。「カウンセリングだから、そういう話が出ないだけでは？」と思われるかもしれませんが、2011年の東日本大震災後は、生活必需品を買い占める人や計画停電を免れた世帯に対し、「ずるい！」という反応が起きていました。本書の手法を使う前は、たしかに〝ずるい人〟に反応する人々が多くいらっしゃったのです。

また、免疫システムの暴走を食い止める、という概念を採用しているせいか、重い花粉症のケースが激減しています。《遺伝子コード》や《暗示》を唱えると、本当に症状が治まってしまうのかもしれません。先生も私も、花粉に反応はするものの暴走が起こらなくなっているので、日常生活には差し支えないレベルにまで改善しました。もし〝ずるい人〟に反応する遺伝子のスイッチがオンの状態であれば、カウンセリングで〝ずるい人〟の話をしなければならなくなりますし、花粉症の症状が重ければ、目や鼻や喉の不快感のため話に集中しづらくなります。まさに「大事な時間とコスト」が奪われた状態です。

スイッチがオフであれば、本当に自分の話したいことが話せるので、時間を有意義に過ごせるでしょう。やはり〝ずるい人〟に反応しないほうが得をします。

▼全体を通して伝わってくること

さて、どうしたら〝ずるい人〟が周りからいなくなるのだろうか？　そんな思いで読み進めると、どんどん引き込まれ、読み終わったときには面白い映画を観た後のような爽快感がありました。まるで入ったときとは別人になって出てきた感覚です。本来の自分で生きるためのメタファーが散りばめられ、読んでいくと、小さい子供がいつの間にかすっかり大人に成長した感覚になれる、そんな本だと思います。

各タイプの特徴や〝ずるい人〟に反応する仕組みなどを学習していく流れは、子供が学校で新しいことを学ぶ感覚に近いかもしれません。面白そうな内容であれば、子供は熱中し、どんどん新しいことを覚えていきます。本書では、これまでとは異なる斬新な概念が提唱されているので、いつの間にか夢中になって読み進めます。

また、「これを唱えると楽になる」というアイテムがあることで、ドラマのハッピーエンドのような安心感が得られる気がします。知恵を得て、少し賢くなると「内省」ができるようになります。

7章の「反省」とは異なり、「内省」はありのままの自分を客観的に観察し、その事実を認める、というもの。そこには良い・悪いなどの評価は存在しません。免疫暴走を引き起こす遺伝子のスイッチがオフの状態であれば、周囲がどのような状況であろうと凪《なぎ》の感覚でいることができ、本来の自分で生きられるようになります。

このときには大人に成長しているので「周りと一緒」という感覚になっています。周りと一緒になる、とは弱者の立場からの卒業を意味します。本書ではこれを「関係の更新」という言葉で説明しました。

小学校に入学した頃は幼い子供で、途中、さまざまな困難に見舞われつつも、知恵を身につけていき、高校を卒業する頃には素敵な大人へと変化していた……。気づけば、そんな物語を読んでいる感覚になっていました。

「自由に自分自身のままでいてもいい」

このハッピーエンドは、じつに先生らしいなと思います。

参考文献　ジェフリー・K・ザイク著『ミルトン・エリクソンの心理療法：出会いの三日間』中野善行・青木省三監訳、二瓶社、1993／シドニー・ローゼン編『私の声はあなたとともに：ミルトン・エリクソンのいやしのストーリー』中野善行・青木省三監訳、二瓶社、1996

イラストレーション／STUDY
本文デザイン／浦郷和美
本文DTP／森の印刷屋

本書は2017年9月に小社より刊行された単行本に
解説を追加し、文庫化したものです。

青春文庫

「ずるい人《ひと》」が周《まわ》りからいなくなる本《ほん》

2021年 3月20日　第1刷

著　者　大《おお》嶋《しま》信《のぶ》頼《より》

発行者　小澤源太郎

責任編集　株式会社プライム涌光

発行所　株式会社青春出版社

〒162-0056　東京都新宿区若松町 12-1
電話 03-3203-2850（編集部）
03-3207-1916（営業部）
振替番号　00190-7-98602

印刷／中央精版印刷
製本／フォーネット社

ISBN 978-4-413-09773-4